Lasset uns aufsehen auf Jesus

Lasset uns aufsehen auf Jesus

Andachten
gehalten von Pfarrer Bernhard Jansa †
Hausvater des Julius-Schniewind-Hauses
in Schönebeck-Salzelmen

Evangelische Verlagsanstalt Berlin

Bearbeitet von Fides Jansa

ISBN 3-374-00118-1

3. Auflage 1987

Lizenz 420. 205-92-87. LSV 6430. H 3826
Einbandgestaltung: Gottfried Herrmann
Printed in the German Democratic Republic
Satz und Druck: Messedruck Leipzig III-18-127
00290

Vorwort

Der im März 1967 verstorbene Pfarrer Bernhard Jansa hielt als Hausvater des Julius-Schniewind-Hauses in Schönebeck-Salzelmen vor den Gästen des Heims die vorliegenden Andachten. Er legte ihnen eine Schriftstelle zugrunde oder setzte zwei Bibelaussagen in Beziehung zueinander, oft wählte er – in der Art der Evangelischen Brüdergemeine – dazu eine alt- und eine neutestamentliche. Zuweilen sprach er auch in freier Weise über ein Thema.

Die Andachten – sie wurden auf Tonband aufgenommen – galten einer Zuhörerschaft, die dem Hausvater in ihrem besonderen Anliegen und in ihrer Zusammensetzung bekannt war. Ich bearbeitete sie – im Auftrag seiner Kinder und der jetzigen Leitung des Hauses – in der Absicht, sie einem größeren Kreise zugänglich zu machen. Dabei ergab es sich, daß ich Änderungen formaler Art vornehmen mußte. Ich faßte Aussagen gleichen Inhalts zusammen, strich Wiederholungen, die sich in der freien Rede ergeben hatten, und versuchte, aus dem gesprochenen und gehörten Wort ein geschriebenes zu machen. Dabei bemühte ich mich, die für Bernhard Jansa charakteristische unbefangene, bildhafte Darstellung in Stil und Ausdruck beizubehalten.

Die Ehrfurcht vor gewachsenem und bezeugtem Glauben gebot, den theologischen Gehalt nicht anzutasten. Für den Hausvater des Julius-Schniewind-Hauses gab es letzten Endes nur ein Thema, das er in Variationen entfaltete: Jesus Christus, der Auferstandene, ist bei uns und schenkt uns neues Leben. Dieses »gute Wort« verkündete er den Gästen des Heims und den vielen Gemeinden, zu denen er auf Evangelisationsreisen sprach. Es wird, so hoffe ich, auch in diesem Büchlein deutlich werden.

Fides Jansa

Inhalt

Lebenslauf 7
Lukas 2,7b 19
Lukas 2,14 22
Offenbarung des Johannes 1,18 25
Markus 16,14 27
Sacharja 4,6 30
Johannes 15,26.27 32
Hebräer 4,14–16 35
2. Petrus 1,3 38
Johannes 15,16 41
Johannes 10,14.15 44
Psalm 68,4.5 46
Daniel 9,18 49
Philipper 2,5.8 52
Lukas 17,5.6 55
1. Johannes 4,16 58
1. Johannes 5,4 61
Römer 6,6 63
Lukas 12,32–34; Matthäus 6,33 66
Jesaja 62,12; Offenbarung des Johannes 1,6 69
Jesaja 11,2; 1. Korinther 6,17 72
2. Mose 20, 2.3; 1. Korinther 10,20 75
Psalm 6,3; 2. Korinther 12,9b 78
Psalm 9,13; Kolosser 4,2 81
Jesaja 30,19b; Apostelgeschichte 20,36 84
Psalm 36,6; Philipper 4,20 87
Psalm 86,12; 1. Thessalonicher 5,18 90
Sprüche 3,11.12; Hebräer 12,7 93
Johannes 6,39a.40b; Hebräer 12,2 96
Ein Zeugnis von Gottes guter Führung 99
Jede Anfechtung ist gut und nützlich 101
Ihm ist alle Gewalt gegeben 103
Frohe Christen durch tägliche Vergebung 105

Pfarrer Bernhard Jansa †, Vater des Julius-Schniewind-Hauses in Schönebeck-Salzelmen

Am 17. Mai 1901 wurde Bernhard Jansa in Leipzig geboren. Er stammte aus einer Familie, die seit Generationen der Evangelischen Brüdergemeine angehörte. Seine Vorfahren verließen um des Glaubens willen ihre mährische Heimat. Als Handwerker siedelten sie sich in Berlin an. Beide Großväter waren Missionare in Surinam. Mit ihren Frauen standen sie in einem aufreibenden Dienst. Sie verzichteten auf viele Annehmlichkeiten des Daseins. Ihre Kinder wurden in Internaten der Gemeine erzogen.

Dem Jungen, der in einer modernen Großstadt aufwuchs, wurde es durch diese Familientradition früh bewußt, daß es Menschen gibt, die in der Nachfolge Jesu bereit sind, Opfer zu bringen.

Bernhards Vater, Friedrich Jansa, hatte im Theologischen Seminar der Brüdergemeine ein Studium begonnen mit dem Ziel, Lehrer für alte Sprachen zu werden. Eine schwere Erkrankung, die lebenslängliche Schwerhörigkeit im Gefolge hatte, machte diesem Berufswunsch ein Ende. Er brach das Studium ab und wurde Buchhändler. Seine Kinder – Bernhard hatte zwei jüngere Brüder – sahen an ihm, wie man mit einem unliebsamen Geschick fertig wird, wenn man es als ein von Gott gegebenes annimmt.

Als Verlagsbuchhändler in Leipzig und später in Neudietendorf stand »Väterchen Jansa« in einem harten Existenzkampf, der durch Kriege und Nachkriegszeiten erschwert wurde.

Die Jungen lernten es im Elternhaus, auch für ein karges tägliches Brot dankbar zu sein. Die Mutter, die es als Hausfrau unter den schwierigen wirtschaftlichen Verhältnissen nicht leicht hatte, erzog ihre Söhne mit liebevoller Strenge. Eine schlichte Frömmigkeit bestimmte die Atmosphäre des Hauses.

Die Eltern gingen mit ihren Kindern zum Gottesdienst. Am Sonntagnachmittag und in den Ferien wurde gewandert.
Während der kleinste der Brüder noch seinem Kinderdasein heiter hingegeben war und der zweite die Welt frühzeitig mit der Phantasie des musisch Begabten sah, erkannte der älteste schon die Dunkelheiten des Lebens. »Ich habe immer gesehen«, sagte er mir einmal, »daß es Behinderte, Blinde, Traurige gibt.« Er ließ es aber nicht bei Feststellungen bewenden, sondern er dachte darüber nach, wie man eingreifen könnte.
Als er sich mit sechzehn Jahren entschloß, als Christ zu leben, geschah das aus der Überzeugung heraus, daß das Heil der Welt durch Jesus Christus gegeben ist. Von seinem Christsein aus trieb es ihn zu sozialem Handeln. Längere Zeit lebte er mit ehemaligen Strafgefangenen in einer Siedlung bei Eisenach in Gütergemeinschaft. Er teilte ihre Sorgen und gab sie einem tätigen, der Gesellschaft verantwortlichen Leben zurück.
Da der Vater ihm kein Studium ermöglichen konnte, wurde Bernhard Jansa Buchhändler. Als »Buchwart« der Evangelisch-Lutherischen Kirche in Thüringen übte er einen ausgedehnten volksmissionarischen Dienst aus. Dabei erkannte man seine Gabe zur Wortverkündigung und Menschenführung, und sein von Kindheit an gehegter Wunsch, Pfarrer zu werden, ging in Erfüllung.
Entscheidend für seine innere Entwicklung wurde ein Besuch in Möttlingen. Dort setzte man das Lebenswerk des Mannes fort, der das Wirken Bernhard Jansas stark geprägt hat: des Pfarrers Christoph Blumhardt. Ihm verdankte er das unbedingte Vertrauen auf die Wirkung des Heiligen Geistes, den Gott schenkt, mit ihm bekannte er: »Jesus ist Sieger über die Mächte der Zerstörung.«
Aufgeschlossen verfolgte Pfarrer Jansa das theologische Denken seiner Zeit. Er selbst verstand sich als lutherischer Theologe. In Bischofsroda bei Eisenach erlebte er als Dorfpfarrer die Nöte der Kriegszeit mit seiner Landgemeinde. Sein Wirkungskreis erweiterte sich in Sonneberg. Hier gab er auch der durch die Wirren der Zeit wurzellos gewordenen »Anna-Stift-

Schwesternschaft« ein neues Betätigungsfeld und später in Schönebeck-Salzelmen eine Heimat. Im Auftrag der »Provinzial-sächsischen Kirche« übernahm er im Jahre 1957 die Leitung des Seelsorgeheims »Julius-Schniewind-Haus«. Die Schwesternschaft, tatkräftige Mitarbeiter, eine sich entwickelnde Bruderschaft und ein Kuratorium halfen ihm, ein Werk aufzubauen, das bis zum heutigen Tage vielen dienen darf.

In dem Brief, den nach dem Tode Pfarrer Jansas die Hausgemeinde an die Freunde des Heims schrieb, heißt es im Rückblick auf sein Wirken: Mühselige und Beladene wurden erquickt, Gescheiterte fanden neuen Lebensmut, Schuldbeladene erfuhren die Vergebung und Erneuerung... Berufungen zum Dienst wurden erkannt und angenommen... Pfarrer und kirchliche Mitarbeiter empfingen verstehende Seelsorge und geistlichen Rat...

Die Art seiner Verkündigung war eine eigengewachsene. Immer blieb es ihm bewußt, daß Menschen auf die verschiedenste Weise geführt werden und daß ihre Erkenntnisse und ihre Ausdrucksformen vielgestaltig sein müssen. Die Haltung des ersten Korintherbriefes war auch die seine: »So ist nun weder der da pflanzt noch der da begießt etwas, sondern Gott, der das Gedeihen gibt... Denn wir sind Gottes Mitarbeiter.«

Stark und dankbar empfand Bernhard Jansa menschliche Bindungen. Mit warmer Liebe umgab er seine Frau, seine Kinder und Schwiegerkinder. Sein erstes Enkelkind war seine große Freude. Als seine Lebensgefährtin, die ihm allezeit eine verständnisvolle Mitarbeiterin gewesen war, im Winter 1966 starb, war sein Schmerz tief. Er tröstete sich und andere aus der Gewißheit heraus, daß der Tod nicht das letzte Wort hat.

Bei einer Evangelisation im Erzgebirge zog er sich auf vereisten Wegen durch einen Sturz einen Schenkelhalsbruch zu. Im Schönebecker Krankenhaus wurde er sorgsam behandelt. Eine plötzlich auftretende Herz- und Kreislaufschwäche verschlimmerte seinen Zustand. Er tröstete seine Mitarbeiter: »Gott hat schon alles geordnet.« Am 3. März entschlief er.

Die Trauerfeier in der St.-Jacobi-Kirche in Schönebeck am 9. März 1967 hielt Bischof D. Jänicke aus Magdeburg.

Ansprache

Im Gespräch mit den Mitarbeitern und Mitarbeiterinnen unseres Bruders nach seinem Heimgang haben wir gemeinsam das Wort gewählt, das heute der Verkündigung zugrunde liegen soll: Offenbarung 21,1–5:

»Und ich sah einen neuen Himmel und eine neue Erde; denn der erste Himmel und die erste Erde vergingen, und das Meer ist nicht mehr. Und ich sah die heilige Stadt, das neue Jerusalem, von Gott aus dem Himmel herabfahren, bereitet wie eine geschmückte Braut ihrem Mann. Und ich hörte eine große Stimme von dem Thron, die sprach: Siehe da, die Hütte Gottes bei den Menschen! Und Er wird bei ihnen wohnen, und sie werden Sein Volk sein, und Er selbst, Gott, wird mit ihnen sein; und Gott wird abwischen alle Tränen von ihren Augen, und der Tod wird nicht mehr sein, noch Leid noch Geschrei noch Schmerz wird mehr sein; denn das Erste ist vergangen. Und der auf dem Thron saß, sprach: Siehe, Ich mache alles neu!« –

Herr, tue meine Lippen auf, daß mein Mund Deinen Ruhm verkündige!

Liebe Gemeinde, meine Brüder und Schwestern!

Es gibt ein Abschiednehmen von geliebten und verehrten Menschen, bei dem uns dies mit unmittelbarer Gewalt überfällt: Durch dein Weggehen ist mir die Erde ärmer geworden. Ich weiß, daß es vielen bei der unerwarteten Nachricht vom Tod unseres Bruders Jansa so gegangen ist. Ein Evangelist, dessen Wort und Ruf eine unübersehbar große Gemeinde erreichte, ein Vater seines Schniewindhauses, ein Seelsorger, der mit seinen besonderen Gaben vielen ein Helfer für Leib und Seele geworden ist, ein fröhlich bejahendes Kind Gottes, das

Liebe und Freude und Zuversicht ausstrahlte, ist in die Ewigkeit abgerufen worden.
Aber nun weiß ich auch, liebe Gemeinde, daß Bruder Jansa es uns nicht erlauben würde, der Stimme der Klage Raum zu geben. Zu stark stand er in der Gegenwart des lebendigen Herrn. Zu wirklich war ihm die unsichtbare Welt der Gotteskräfte, zu nahe die Erfüllung aller Verheißungen und die Enthüllung der vollen Gottesherrlichkeit in der Wiederkunft des Herrn, als daß ihm die Mauer des leiblichen Todes Entscheidendes bedeutet hätte.
Vor allem wollte er mit seinem Verkündigen und Wirken so sehr ein Bote des Sieges und des Siegers *Jesus* sein, daß gegegenüber diesem sieghaft kommenden Herrn das Kommen und Gehen Seiner Boten und Diener nicht sehr ins Gewicht fällt. Und so meine ich, er würde, wenn er noch einmal zu uns sprechen könnte, etwas sagen: Laßt die Trauergeister weichen! Verkündet Seinen Sieg! Meldet das Kommen dessen, der spricht: Siehe, Ich komme bald! Und dann dankt Ihm und ruft mit der Brautgemeinde: Amen, ja komm, Herr Jesu!
So soll denn, meine Brüder und Schwestern, nicht die Klage und die Trauer, sondern das Danken und Loben in dieser Stunde Raum haben, vor allem aber die Botschaft, der sich unser Bruder mit allen seinen Kräften verpflichtet wußte. Und Ihr, die Ihr ihm am nächsten gestanden habt, Sohn und Tochter des Entschlafenen, die Ihr wenige Monate nach der Mutter den Vater habt hergeben müssen, Ihr, seine engsten Mitarbeiterinnen und Mitarbeiter, die Schwesternschaft und die Bruderschaft, denen seine besondere Liebe galt, Ihr, die Ihr am ehesten ein Recht hättet zu sagen: Die Welt ist durch seinen Tod ärmer geworden – Ihr wißt es auch am besten, wie dieser Stunde nicht der Ton der Klage angemessen ist, sondern allein die Stimme des Dankes und Lobes im Namen dessen, der der Kommende ist und der dem Tode die Macht genommen hat.
Die Zeit würde nicht reichen, und es ist auch nicht meine Auf-

gabe, zu berichten, wie der Herr unseren Bruder in der Führung seines Lebens zu dem Werk zubereitet hat, für das ihm besondere Gaben gegeben waren und in dem er in besonderer Weise gesegnet wurde. Es ist ja auch im Grunde eine verborgene, geistliche Geschichte, die nicht in menschliche Annalen und Gedenkreden, sondern in andere Dimensionen hineingehört. So sei aus dieser sonderlichen Lebensführung nur wenig gesagt.

Sein Vater, durch die Jansasche Verlagsbuchhandlung weithin in der kirchlichen Öffentlichkeit bekannt, war als Sohn eines Herrnhuter Missionars in Surinam geboren. Er muß ein freier und weiter Geist gewesen sein, dieser Vater, der der theologischen Geistesrichtung zu Beginn des Jahrhunderts entsprechend den Kreisen um die »Christliche Welt« von Martin Rade angehörte. Und wenn Bernhard Jansa freilich schon früh zum zentralen biblischen Evangelium gefunden hat – schon als 18jähriger hat er gesegnete Bibelstunden gehalten –, so ist es doch wohl auch ein Stück väterlichen Erbes gewesen, daß unser Bruder nie in traditionellen kirchlichen Bahnen seinen Weg gegangen ist. Seine »religiös-soziale« Leidenschaft, wie man es damals in den zwanziger Jahren nannte, trieb ihn, mit entlassenen Strafgefangenen in der Siedlung Ziegenwald bei Eisenach ... alle seine Güter, auch sein gewiß nicht hohes Monatsgehalt, zu teilen. So empfing er denn auch entscheidende Anregung durch die im Stil der Jugendbewegung lebenden ... Siedlungen der Neuwerk-Bewegung im Habertshof bei Schlüchtern, im Bruderhof von Dr. Eberhard Arnold. Diese Werke und Bewegungen sind nicht in eine offizielle Kirchengeschichte eingegangen, und in der jüngeren Generation sind ihre Namen wohl gar vergessen, wenn sie sie überhaupt jemals gehört hat! In der Kirchengeschichte werden sie höchstens am Rande unter der Rubrik »Schwärmer« notiert. Aber was wäre die Geschichte des Reiches Gottes auf Erden ohne Gottes geliebte Schwärmer! Was wollten denn diese liebenswerten Schwärmer damals nach dem ersten Weltkrieg? Es drängte sie nach Verwirklichung des Evangeliums in wahr-

haft urchristlicher Lebensgemeinschaft in kleinen Lebenszellen. Und nun wissen wir ja, wie unser Bruder Jansa dieser Linie bis zuletzt treu geblieben ist, dem Ziel der urchristlichen Darstellung des Leibes Christi in der Bruderliebe.
Die äußeren Daten seines Lebens sind schnell genannt. Nach einer längeren Tätigkeit als Buchwart der Evangelisch-lutherischen Kirche Thüringens, die mit evangelistischem und volksmissionarischem Dienst verbunden war, vollzog sich seine eigentliche kirchliche Amtszeit rein äußerlich gesehen in einer für Bernhard Jansa typischen prästabilierten Harmonie der Jahre: zehn Jahre Pfarrverweser und Pfarrer in Bischofroda bei Eisenach, zehn Jahre Pfarrer in Sonneberg, zehn Jahre Leitung des Seelsorgeheims Schniewindhaus in Salzelmen. Aber was sagen schon solche chronistischen Angaben?
Wichtiger sind die entscheidenden Stationen seiner geistlichen und theologischen Entwicklung, wie er sie wohl gelegentlich selbst bezeugt hat. Auch hier ein organisches Fortschreiten von Stufe zu Stufe, von Erkenntnis zu Erkenntnis: Der Konfirmand in Naunhof bei Leipzig wird in bewegender Weise angesprochen vom 1. Hauptstück, vom fordernden Gott, vom Gesetz. – Das Erbe der Brüdergemeine schenkt ihm die befreiende Erkenntnis von Jesus, in dem die Vergebung ist. Der 2. Artikel bekommt in seinem Leben Bedeutung. Bruder Jansa wird in Predigt und Seelsorge zum Verkündiger der guten und frohmachenden Botschaft:

> »Daß ich einen Heiland habe, der vom Kripplein bis zum Grabe, bis zum Thron, da man Ihn ehret, mir, dem Sünder, zugehöret.«

Dann wird entscheidend für ihn der Besuch bei Vater Stanger in Möttlingen 1929. Dort wird ja das Lebenswerk des Mannes fortgesetzt, dessen Name nun genannt werden muß und der von da an das Wirken unseres Bruders geprägt hat: Christoph Blumhardt. Was ihm, Blumhardt, geschenkt wurde an Erfahrung des Durchbruchs durch die Leib und Seele quälenden dämonischen Mächte und an Gnadengaben der urchristlichen Gemeinde, eben die reale Gegenwart der Kraft des Heiligen Geistes – also wenn man es denn so nennen wollte, die Erfahrung des 3. Artikels in der Fülle der neutestamentlichen Kraftwirkungen –, das wird nun auch der Inhalt des Lebens und Schaffens von Bruder Jansa. »Jesus ist Sieger!« – dieser nächtliche Schrei in Möttlingen bei der Befreiung der von schwerer leiblicher und seelischer Krankheit Besessenen, dieser Schrei, der wie das Signal der Erweckung in Möttlingen war – »Jesus ist Sieger!«, das ist nun die Losung, unter der das Wirken des Bruders steht. Und die Verwirklichung dieser Botschaft sprengt dann schließlich auch den Rahmen des normalen kirchlichen Gemeindepfarramts – wie bei Christoph Blumhardt!

Dabei ist Bruder Jansa immer ein Mann der Kirche geblieben. Auch von einem Theologen wie Friedrich Gogarten hat er wichtige Erkenntnisse empfangen und hat das mit Dankbarkeit bezeugt. Und seinen Luther hat Bruder Jansa trotz außergewöhnlicher Beanspruchung in seinem Dienst bis in die letzten Jahre hinein eifrig studiert und wollte immer ein gut lutherischer Theologe bleiben. Nun soll in dieser Stunde nicht darüber theologisiert werden, ob er es immer gewesen und geblieben ist in den Lebensäußerungen seines Werkes. Statt dessen möchte ich einfach erzählen, wie die Magdeburger Kirchenleitung und Bruder Jansa sich fanden und die ganzen Jahre hindurch in fester brüderlicher Lebensgemeinschaft beieinander blieben.

Ich erinnere mich genau jener Sitzung der Kirchenleitung vor zehn Jahren, in der zur Entscheidung stand, ob die Kirchenprovinz Sachsen das Wirken dieses im Blumhardtschen Sinne geprägten Mannes als ihr kirchliches Werk, ganz unmittelbar unter der Kirchenleitung stehend, übernehmen wolle. Da sagte ein Bruder, dessen Wort und Votum in unserer Mitte viel galt: »Solch ein Werk paßt nicht unter die Institution der verfaßten Kirche. Eine Kirchenleitung und ein Konsistorium kann solche charismatischen Lebensäußerungen nicht als ihr Werk sozusagen in ihre Regie nehmen.« Darauf sagte ich: »In einer Kirchenleitung, die das nicht kann, möchte ich nicht Bischof sein und kann ich auch kein Amt haben.«

So kam es denn, daß das Seelsorgeheim im Schniewindhaus in Salzelmen ein kirchliches Werk unserer Kirchenprovinz Sachsen wurde, und wir stehen beschämt vor dem überreichen Segen, den wir als Kirche dadurch empfangen haben.

... Was noch zu sagen ist, meine Brüder und Schwestern, soll jetzt nicht in der Form des aufzählenden Berichtes gesagt werden, sondern in der Auslegung des Textes, den ich im Gespräch mit dem Schwesternrat und den theologischen Mitarbeitern für diese Stunde gewählt habe. Dieser Text spricht von dem zentralen Thema der Bibel: vom Neuwerden. Erneuerung, nicht Reparatur ist verheißen, Erneuerung des Menschen und der Welt, Erneuerung der Herzen, aber auch der Verhältnisse. Und gerade die Ausrichtung darauf gab dem Leben unseres Bruders seine eigene Lebendigkeit. Ja, ich möchte geradezu sagen, diese neue Welt Gottes, von der Offb. 21 spricht, hatte so stark nach Bruder Jansa gegriffen, daß er mit seinem Leben letztlich nichts anderes sein wollte als ein Zeuge dieser neuen und heilen Welt Gottes.

Es ist da von der erneuerten Kreatur die Rede, und es ist für unseren Text bedeutungsvoll, daß von dem geredet wird, was dann nicht mehr sein wird: Das Meer, in der Heiligen Schrift die Stätte des Grauens, der dämonischen Tiefen, und der Tod wird nicht mehr sein. Der Tod hat sich dann ausgetötet. Weiter: Leid, Geschrei und Schmerz wird nicht mehr sein. Gottes neue Schöpfung ist ja dann an die Stelle der alten Todesordnung getreten. Diese neue Ordnung ist mehr als unser kleines Leben. Aber auch unsere Tränen, unser oft so nichtiges Weinen, ist nicht ein Nichts vor ihm! Es wird einfach gut sein, alles wieder sehr gut! Und deswegen wird Er auch die Tränen trocknen – wie eine Mutter ihrem törichten Kind die Tränen abwischt.

Und weil nun unser Bruder Jansa den Glanz dieser Verheißung in seinem Herzen trug, den Glanz der erneuerten Kreatur, darum war es ihm gegeben, an kranken Leibern und Seelen einmal etwas aufleuchten zu lassen vom Licht der heilen Welt Gottes. Wir wollen jetzt davon nicht viel Worte machen, denn das gehört in die einsame Zwiesprache der Seelsorge des Bruders, in die Zwiesprache mit seinen Kranken – und in die einsame Zwiesprache mit dem Herrn für seine Kranken. Bruder Jansa stand auch viel zu stark unter der Zucht des Wortes, als daß er es nicht gewußt hätte: Es geht um das Heil, nicht um die Heilung. Als »mitfolgende Zeichen«, als Bekräftigung des Wortes (Markus 16 am Schluß) kann es einmal geschenkt werden, es muß nicht, aber es kann, vielmehr Er kann, der Heiland und Herr. Der mächtige und barmherzige Herr hat in dem Wirken Seines Knechtes auch einmal etwas aufleuchten lassen von Seiner Macht und Gnade – zu einem lebendigen Zeichen dafür, daß Er der Gegenwärtige ist – und der Kommende, in dem die Heilung einer kranken Welt beschlossen ist.

Und auch das wußte unser Bruder: Nicht, weil er, Bernhard Jansa, begabter und begnadeter gewesen wäre als andere, wurde er so reich beschenkt – für andere! –, sondern weil Glanz und Schönheit der geschmückten Braut, des neuen Jerusalem, der heiligen Stadt, als eine Vorauswirkung der kommenden Herrlichkeit hier in Seiner Gemeinde an sündigen Menschen aufleuchten darf. Das habt Ihr in Eurer Mitte erfahren. Luther sagt einmal: »Sünder sind schön, weil sie geliebt werden; sie werden nicht geliebt, weil sie schön sind.« Aber weil sie geliebt sind, darum gibt es auch dies: das Leuchten von innen her, unter der Hülle von Versagen und Schuld. Die Brautgemeinde ist nicht geschmückt durch ihre Heiligkeit, durch ihren Glaubenseifer, durch ihre Machtwirkung, durch ihre Liebe, sondern allein durch *Seine* Liebe, die sich für sie dahingegeben hat.

Und so ist sie Verheißung für die Welt. Gott will noch einmal in ihr wohnen – in der Welt. Nicht in der Verborgenheit, nicht neben ihr, in einem besonderen Haus, etwa in einer besonders schönen Kirche, sondern bei ihnen, wie es hier heißt. In

Blick auf das Schniewindhaus

Andachtssaal im Schniewindhaus

der Welt, wo sie sündigte und litt und weinte und sich ängstete und krank war an ihrer Schuld und an ihrer Angst, ja da, mitten in der Welt, sie umfassend mit Seiner Liebe, sie heilend durch Sein Erbarmen, sie vollendend durch Seine Macht. Es heißt hier nicht: Siehe, Ich mache die Kirche neu – sie hätte es auch nötig –, sondern es heißt: Siehe, Ich mache alles neu!
Ein Bote dieses alles erneuernden »Ich« – »Siehe: Ich ...« – war unser Bruder Jansa: ein Bote, ein Zeuge, dessen Leben ganz beschlagnahmt war von dieser Botschaft. Auch er hat, wie alle menschlichen Boten und Zeugen, den Sold der Sünde im Tode zahlen müssen. So mächtig unser Bruder auch den Einbruch der neuen Welt erfahren durfte – hier hat der Herr über Leben und Tod deutlich die Grenze aufgezeigt, die allem menschlichen Wirken gesetzt ist. Es ist nötig, auch dies zu sagen, und es ist gut, auch diese Grenze zu sehen.
Boten werden abgerufen. Die Botschaft bleibt. Sie sammelt durch die Jahrhunderte hindurch, bis der Herr kommt, eine Gemeinde, die ihr Haupt erhebt, darum, daß sich ihre Erlösung naht, eine Gemeinde der Glaubenden, der Hoffenden, der Liebenden. Sie weiß um die Grenze, aber sie weiß auch, daß jenseits der Grenze der Herr selbst steht und in ihre Anfechtungen hinein Sein Wort spricht: »Fürchte dich nicht, fürchte dich nicht, Ich bin der Erste und der Letzte und der Lebendige. Ich lebe, und ihr werdet auch leben!« Und so antwortet diese Gemeinde dem Tod ins Angesicht im Namen dessen, der der Sieger ist: »Ich werde nicht sterben, sondern leben und des Herrn Werke verkündigen« (Ps. 118,17). Amen.

Gebet

Heiland und Herr, Du bist der Sieger. Wir danken Dir dafür, daß Du in Deiner Auferstehung den Tod entmachtet hast. Wir danken Dir dafür, daß die ganze Erde mit all ihren Schmerzen und mit ihrem Sterben auf Deine Erlösung warten darf. Wir danken Dir dafür, daß Du unseren Bruder Jansa zum Boten für Dein Kommen und für Dein Heil gemacht und ihn zum großen Segen gesetzt hast. Wir beugen uns unter Deinen unerforschlichen Ratschluß, daß Du ihn uns jetzt schon genommen hast. Wir bitten Dich, laß uns beim Abschied nicht auf den Tod starren, sondern auf den Sieg Deiner Auferstehung und auf Deine Wiederkunft schauen. Laß darin reichlich getröstet sein die Kinder des Entschlafenen und alle Angehörigen, alle Mitarbeiter und Mitarbeiterinnen unseres Bruders, alle, die seiner Seelsorge anvertraut waren! Dir befehlen wir das Schniewindhaus mit seinem vielfältigen Dienst hier und draußen in den Gemeinden! Herr, der Du verheißen hast: »Ich will euch nicht Waisen lassen, Ich komme zu euch«, Du wirst das Werk Deiner Hände nicht lassen. Du weißt den Weg, das ist genug. Du bist Ziel und Ende unseres Weges – das ist unsere Zuversicht. – Uns alle aber lehre bedenken, daß wir sterben müssen, auf daß wir klug werden. Herr, in Zeit und Ewigkeit erbarme Dich unser und gib uns Deinen Frieden! Amen, ja komm, Herr Jesu! Amen.

Lukas 2,7b

Maria legte ihn in eine Krippe; denn sie hatten sonst keinen Raum in der Herberge.

Für den Sohn Gottes war kein Raum auf Erden. Er wurde geboren, und er fand keine Heimat. Er war ein Unbekannter, ein Fremdling, das begann bei seiner Geburt, und es ist bis heute so geblieben. Für Jesus ist kein Platz. Er gehört nicht zu uns. Wir brauchen ihn nicht.

Jesus Christus ist bestimmt unsere Hilfe und unsere Erlösung, aber wir nehmen ihn nicht auf. Er bekommt dann wohl noch irgendeinen Unterschlupf – aber abseits von menschlicher Behausung. Die Krippe in den Berghöhlen von Bethlehem wurde ihm überlassen. Hat er bei uns Herberge? Geben wir ihm nicht auch nur ein Plätzchen am Rande? Nur so gelegentlich, wenn wir in Not sind?

Die Grundnot unseres Lebens liegt aber darin, daß Jesus keinen Raum bei uns hat. Wir finden nicht die Entschlußkraft, ihn ganz und gar aufzunehmen. Eine »Krippe« haben wir noch übrig, aber unser ganzes Sein geben wir ihm nicht.

Irgendwohin – in ein verborgenes Eckchen – lassen wir ihn ein. Das nennen wir dann sogar Glaube. Wir gehen auch mal zur Kirche. Weihnachten feiern wir in jedem Jahr. Aber das alles ist nur eine »Krippe«. Es hat für uns nur gelegentliche Bedeutung.

Die Frage soll jetzt lauten: Auf welche Weise kannst du ihn einlassen? Jesus soll nicht nur in die Krippe gelegt werden, er soll die ganze Herrschaft bekommen. Im Zusammenhang mit der Volkszählung zu seiner Geburt mochte kein Raum in der Herberge sein. In deinem Leben soll sich das nicht wiederholen. Laß ihn überall herein.

Laß ihn hereinkommen in dein Gedankenleben. Er will dein Denken beherrschen. Das Wunderbare ist dann, daß er es in seinen Schutz nimmt und wir geordnete, gute Gedanken im Sinne Jesu bekommen. Wir denken dann nicht nur gelegentlich an ihn, sondern tief in uns ist das Wissen: Er hat alles in seinen Händen, er führt es zum Besten. So möge unser Geist von ihm erfaßt werden. Ganz gewiß will er auch unser Seelenleben. Das Gefühl soll von ihm durchdrungen und geheiligt sein. Sagen wir es doch: Hier hast Du meine Gefühle, hier hast Du alles, was in ihnen lebt. Es wird dann wirklich alles neu werden, weil nicht mehr meine Empfindungen und Stimmungen an erster Stelle stehen, sondern der Herr, der den vorrangigen Platz bekommt. Er bringt deine Gefühle zur Gesundung. Sie kommen zur Ruhe und in Ordnung. Was krankhaft ist, nimmt er von dir. Deine Nerven sollen ihm gehören. Wenn er eindringt in dieses angespannte System, sagt er gleichsam – wir dürfen es einmal so ausdrücken –: Friede sei mit euch. Meinen Frieden gebe ich euch! Es ist herrlich, wenn die Nerven vom Frieden Gottes erfaßt werden.

In das Leibesleben will Jesus auch hineinkommen. Warum soll der Leib ausgeklammert sein? Jesus hat auf der Lebensstrecke von der Krippe bis zum Kreuz alles dafür getan, daß auch der Leib wieder in die rechte Ordnung hineingeführt wird. Wir wissen dann, daß unsere Füße, unsere Hände, alle Glieder, auch unsere Augen, unsere fünf Sinne ihm gehören. Der ganze Mensch wird sein Eigentum. Er läßt ihm seine Kraft zuteil werden.

Jesus Christus ist Mensch geworden und hat auf dieser Erde gelebt, damit wir unser Leben in ihm führen können und er unser ganzes Dasein mit seiner Art und mit seiner Liebe durchdringt. Das ist die gute Nachricht am Christfest: Mensch, du wirst ganz und gar von mir erneuert. Dazu brauchen wir nur ja zu sagen. Wir geben uns ihm hin und opfern ihm das Stolzeste, was wir haben: unser Ich.

Das alles dürfen wir freiwillig tun. Es kommt zu einer ganz engen Verbindung mit Jesus Christus. Wir sind gerettet aus der Verlorenheit des Menschseins. Unsere Schuld und unsere Sünde sind uns vergeben. Das Böse hat keine Macht mehr.

Weil der Sohn Gottes uns erfaßt, ist alles erledigt, was dunkel in uns war.
Wir können neu und anders in dieser Welt leben. Als von Jesus erfaßte und von seiner Liebe durchdrungene Menschen haben wir die Verheißung, daß wir die Nöte und Schwierigkeiten des Lebens überwinden.
Wir wollen dem Heiland und Retter viel Raum geben.

Lukas 2,14

Ehre sei Gott in der Höhe und Friede auf Erden und den Menschen ein Wohlgefallen.

Es gibt viel Dunkelheit in der Welt. Wie oft herrschen Ungerechtigkeit und Lieblosigkeit. Auch in dieser Stunde werden Menschen sagen: »So haben wir uns das Leben nicht gedacht.« Vielleicht ist Krankheit eingetreten, oder wir haben durch Menschen Zurücksetzung erfahren, die uns weh tut. Bei vielen Alten ist Einsamkeit die Not. In der Völkerwelt sind Kriege nicht ausgelöscht. Gewissensnot quält. Sünde und Schuld häufen sich. Der Tod kommt schneller, als wir es je gedacht haben. Das ist die Lage, in der wir uns befinden, diese Wirklichkeit müssen wir sehen.

Möchten wir unseren Text recht hören, auf das rechte Hören kommt es an. Wir können ihn hören als eine vergangene Angelegenheit. Ja, so ist es einmal verkündet worden, aber was da gesagt ist, wurde nicht Wirklichkeit. Wir können ihn hören als Menschen, die von der Tradition her so an dieses Wort gewöhnt sind, daß sie kein Ohr mehr dafür haben. Wir können ihn hören aus einer sentimentalen Sehnsucht heraus: schöne Worte aus einer anderen Welt, die für einen Augenblick Ergriffenheit gewähren. Wir können ihn hören als Zweifler: Ist nicht am Ende alles Legende? So verschieden können wir ihn hören.

Die Botschaft ist in einer bestimmten Stunde gesagt worden. Es ist die Stunde der Geburt eines Kindes. Einzigartig ist das: Dieses Kind ist d a s Ereignis der Weltgeschichte. Darum jubeln die Engel. Darum ist der Himmel geöffnet. Das Ereignis beginnt mit einem Kind, das kein Imperium, kein herrliches Reich hat. Aber durch dieses Kind wird Gott geehrt. Weil wir es in der Armut sehen, sollen wir erkennen, daß dieses Kind uns gilt. Es öffnet uns die Tür zu Gott. Es

kommt nicht mit irdischer Gewalt. Wir aber dürfen uns freuen.
Gott wird die Ehre gegeben, weil durch das Kind im umfassenden Sinne etwas geschehen soll: Friede wird sich ereignen. Dieser Friede ist das Heil für die Menschen. Er ist nicht nur etwas Innerliches, etwas für das Herz. Nein – Friede heißt: Gerechtigkeit setzt sich durch. Friede heißt: Es kommt alles in Ordnung. Friede heißt: Von Gott her beginnt eine ganz neue, heile Welt. Dieses Kind ist der Friedensbringer. So wird auch Friede zwischen Leib, Seele und Geist. Im Menschen wird die Harmonie wiederhergestellt. Friede und Harmonie gelten für die Kreatur, für die Völkerwelt, für die gesamte Schöpfung. Friede auf Erden in radikaler Weise, so ist es gemeint!
Wir haben durch dieses Kind eine Zukunft. Gott will sich an uns freuen. Wir sollen Menschen seines Wohlgefallens sein. Jetzt ist das Große geschehen: Der Herr ist geboren, und nun wird es anders! Nun kommt das Neue! Mit diesem Kind ist etwas in Gang gekommen, und dieses Geschehnis vollzieht sich bis zu diesem Augenblick.
Eine Gemeinde ist auf dieser Erde, die mit Jesus geht. Sie hat ganz sicher keine Macht. Durch ihren Glauben und durch ihr Gebet trägt sie aber Frieden in sich. Mit dem Kind ist diese Gemeinde im Aufbruch, Gott zu ehren, Frieden zu bringen.
Die Botschaft der Engel birgt ein Geheimnis: Wir dürfen in diesen Weihnachtstagen ganz verborgen Jesus selbst aufnehmen. Das geschieht in aller Zartheit. Wenn wir auf das Wort eingehen, wird das Samenkorn Gottes in uns hineingelegt, und Jesus wird in uns geboren. Dieses Geheimnis kommt so schlicht zu uns, so demütig, so dienend.
Das Kind kommt in dein Herz. So kannst du Gott ehren, Frieden bringen und ein Mensch seines Wohlgefallens werden. Jesus ist bei uns und liebt uns mit grenzenloser Liebe. Für deine Lage, für deine Not und Schuld hat er Verständnis. Er kennt das Leid. Er hat es durchgemacht bis zum Kreuz. Wenn

du ihn aufnimmst, tust du das Beste für dich und für die ganze Welt. Du bist dann ganz Mensch und kannst anderen Menschen helfen. »Ehre sei Gott in der Höhe!« Das gilt nicht nur in dieser Stunde. Es wird im Alltag Berechtigung haben und dann, wenn schwere Zeiten kommen, ja auch dann, wenn wir sterben müssen. Die Engel haben's uns ins Herz gesungen. Unter uns kann es weiterklingen, bis alle Welt von diesem Jubel erfüllt ist.

Offenbarung des Johannes 1,18

Christus spricht: Ich war tot, und siehe, ich bin lebendig von Ewigkeit zu Ewigkeit und habe die Schlüssel der Hölle und des Todes.

Jesus Christus spricht zu uns. Durch den Heiligen Geist ist das möglich. Sein Wort dringt in das verborgene Wesen des Menschen ein. Das geschieht jetzt! Während wir diese Worte lesen, ereignet es sich. Jesus Christus ist ganz nahe bei uns, und wir dürfen ganz nahe bei ihm sein. Gewaltig redet er zu uns. Unerhörtes verkündet er. Laßt uns hören – ganz neu hören. Ewiges, Himmlisches teilt er uns mit.

Jesus Christus stellt uns zunächst die ernste Tatsache seines Todes dar. Er, der Unschuldige, ist am Kreuz gestorben. Er ist in furchtbarer Weise umgekommen. Der Tod zeigte sich in seiner unheimlichen Wirklichkeit. Er, der unser aller Feind ist, hat auch den Sohn Gottes nicht verschont. So spricht Christus den lapidaren Satz: »Ich war tot.«

Dann aber ruft er aus – und wir Intellektuelle, wir Rationalisten sollen es hören: »Und siehe, ich bin lebendig.« Was müssen wir da vernehmen? Ein Mensch ist vom Tode erstanden? Unsere Vernunft sagt: »Das kann nicht sein.« Das unabänderliche Schicksalsgesetz des Todes soll einer durchbrochen haben? Wir zweifeln. Stellen nicht alle Wissenschaftler fest, daß schon von der Geburt an jedem Menschen das Altern und der Tod beigelegt sind? Der verstorbene Professor der Medizin, Dr. Max Burger, Leipzig, sagt in seinem Standardwerk »Altern und Krankheit« mit Berechtigung: »Das Endziel ist der Tod des Individuums, da in der endlichen Natur das Leben immer dem Tode zur Seite steht.«

Jesus Christus, der Auferstandene, weiß alle Bedenken, allen Zweifel, allen Kleinglauben und Unglauben zu zerstreuen, zu überwinden und endgültig wegzufegen. In seiner Macht und Vollmacht legt er es durch seinen Geist in unseren Geist hinein: »Siehe, ich bin lebendig!« Wie ein Blitzstrahl fährt dieses Wort in unser so verengtes, kleinliches Menschsein. Wir sind getroffen. Wir sind erschüttert. In unser Leben hinein bricht diese Wahrheit: Er lebt! Er lebt! Wir können es glauben.

An einem Ort und zu einem Zeitpunkt der Weltgeschichte wurde der Tod getötet. Muß uns da nicht große Freude erfassen?

Welche Folgen trägt diese Wahrheit in sich? Hölle und Tod sind nicht mehr unser Schicksal. Diese zerstörenden Mächte, die den Menschen vernichten wollen, können nicht mehr herumwirtschaften, wie sie wollen. Ihre Gewalt ist gebrochen. Jesus Christus hat die Schlüssel zur Ewigkeit in der Hand. Tod, wo ist dein Stachel? Hölle, wo ist dein Sieg? Der Sieg über den Tod beginnt schon jetzt in der Gemeinde, die Christus angehört. Vom Auferstandenen her können wir ein neues Leben führen. Auferstehungsgeschichten vollziehen sich im Alltag. Kranke Seelen werden gesund, unheilbar Kranke finden Stärkung. Junge Mädchen und junge Männer treten in den Dienst Jesu. Der Herr redet und handelt so aus dem Licht heraus, daß eine neue Geschichte der Welt begonnen hat, die Geschichte des Lebens. Sie wird in Herrlichkeit vollendet werden.

In dieser frohen Zuversicht und Hoffnung laßt uns Ostern feiern.

Markus 16,14

Zuletzt, da die Elf zu Tische saßen, offenbarte er sich und schalt ihren Unglauben und ihres Herzens Härtigkeit, daß sie nicht geglaubt hatten denen, die ihn gesehen hatten auferstanden.

Das bekennen wir nun schon lange in der Christenheit: Er ist auferstanden. Wir sagen es jeden Sonntag im Gottesdienst und sprechen es beim heiligen Abendmahl. Aber wie ist es in der Praxis? Glauben wir wirklich an den Auferstandenen? Wieviel Zweifel sind in uns, wieviel Bedenken gegenüber der Botschaft Jesu. Es scheint so, als wäre er gestorben, für immer gestorben, und wir bauten ihm ein schönes Denkmal, wie es in der Welt üblich ist. Er hat einmal gelebt. Wir bemühen uns nun, ihm ein wenig nachzufolgen, das, was er gesagt hat, leidlich ernst zu nehmen und es in den Alltag umzusetzen. Das ist alles, was die Christenheit heute weithin aufzuweisen hat. Ist das nicht ärmlich?

Es muß wieder klarwerden: Christus lebt als der Auferstandene! Das bedeutet, daß wir auch leben. Er schenkt sich uns, und damit gibt er uns alles, was er hat. Seine Auferstehung wird unsere Auferstehung, seine Barmherzigkeit wird unsere Barmherzigkeit, seine Liebe wird unsere Liebe, seine Überwindung in der Versuchung wird unsere Überwindung in der Versuchung. Das ist unsere Freude! Wer an den Auferstandenen glaubt, der ist in einem ganz anderen Leben. Da bricht die Himmelswelt herein. Da sind wir tatsächlich die Befreiten, die Erlösten. Gott schenke uns das wieder, daß Jesus Christus als der lebendige Herr vor uns steht.

Was wird dann für unser persönliches Leben anders? Das größte Wunder geschieht. Du bist verzweifelt, wie die Jünger auch verzweifelt waren, als Jesus gestorben war. Es sieht alles so sinnlos aus. Wohin soll das gehen?

Da kommt Jesus, der Auferstandene, und du vertraust dich ihm an. Und was ereignet sich? Die Verzweiflung wird aus deinem Herzen gerissen. Du bekommst einen seltsamen Mut. Du hast wieder Kraft zum Leben. So werden Verzweifelte durch den Auferstandenen die mutigsten Menschen. Darum kann auch jeder Schwermütige und jeder Belastete, der unter einem ungeheuren Druck steht, der von Zwangsgedanken und Zwangsvorstellungen geplagt wird, durch den Auferstandenen befreit werden. Er kommt und schließt die Herzenstür auf, und der Belastete kann glauben. Es ist alles verschwunden, was ihn bedrückt hat.

Das ist die Kraft der Auferstehung, in der er lebt. Es geschieht, daß auch der Mensch, der tief in der Sünde steckt, auf einmal erkennen kann: Er nimmt mir alles Belastende weg durch seine vergebende Güte, die am Kreuz offenbar geworden ist. Er hat alles getragen, und er lebt nun und gibt mir die Freiheit der Kinder Gottes.

Merkt ihr, was gemeint ist? Wer an den Auferstandenen glaubt, der erlebt eine Wandlung. Darum darf auch ein Mensch, der meint, er wäre von Gott verlassen und aus seiner Liebe ausgestoßen, weil er so Schweres durchgemacht hat, nun glauben: Er lebt für mich und tut an mir sein gutes Werk. Du wirst hineingezogen in die Barmherzigkeit des himmlischen Vaters. Das alles vollzieht sich oft sehr schnell. Ich brauche nur die wunderbare Art des Auferstandenen zu künden in menschlichen Worten, in der Armut des Menschseins, mit allen Fehlern, die wir Verkündiger haben – und es geschieht! Jesus lebt, und du lebst.

Aber eins ist notwendig. Warum schalt Jesus die Jünger? Sie hatten nicht geglaubt. Es ist gut, daß wir dieses Schelten Jesu auch in diesem Augenblick wieder hören dürfen: Ach, wie seid ihr doch so kleingläubig, so ungläubig, so schwerfällig. Wie verzagt ihr so schnell. Eben noch hast du Hilfe erfahren, da kommt ein kleiner Windstoß, ein Schmerz rührt dich an, schon brichst du zusammen und bist wieder krank. Wenn durch den Alltag eine seelische Bedrückung kommt, überläßt du dich erneut deiner Schwermut. Darum heißt es für uns alle: Die Botschaft gilt! Jesus enttäuscht niemals! Vertraue dich dem Auferstandenen an. Dann wirst du in seine Nähe hineingenommen und darfst es erleben, daß er dir in jeder Not beisteht, ob es nun Leibesnot, Seelennot, Sündennot oder Todesnot ist. Denke nicht mehr an dich und an dein Leben. Er ist allein dein Meister, dein Freund, dein Herr.

Wisse, weil Jesus der Auferstandene ist, kann ihn Raum und Zeit nicht einengen. Er ist heute und immer bei dir. Nicht nur in der gottesdienstlichen Handlung, nicht nur in der Predigt ist er gegenwärtig. Er geht mit dir in deinen Betrieb, in deine Küche, in den Konsum. Im vollen Maße darfst du das so nehmen und kindlich darauf bauen.

Es ist Gotteszeit, es ist Gnadenzeit! Die große Freude kann mächtig aufbrechen, weil Jesus lebt. Wir wollen dankbar sein.

Sacharja 4,6

»Es soll nicht durch Heer oder Kraft, sondern durch meinen Geist geschehen«, spricht der Herr Zebaoth.

Pfingsten bedeutet, daß wir Gottes Wort hören können. Gott spricht mit uns. Ohne Pfingsten würden wir Gott gar nicht verstehen oder ständig mißverstehen, wie es das Volk Israel jahrhundertelang erlebt hat. Da sprach Gott auch, aber sein Wort wurde anders aufgenommen, als er es wollte.
Nun ist Pfingsten da, nun hören wir wieder, was Gott sagt. Er spricht so freundlich, so klar und verständlich. Er redet in der Muttersprache. Wie schön ist es, wenn die Mutter das Kind sprechen lehrt. Das ist Liebe! So mütterlich spricht Gott durch den Heiligen Geist. Wir lernen seine Sprache in ihrer ganzen Tiefe verstehen. Und langsam lernen wir auch sprechen, wie er es will. Erst ist es ein unsicheres Lallen, was wir zustande bringen, dann wird es immer klarer. Wenn wir Gott hören, jeden Tag neu, dann dürfen wir auch von ihm reden, und zwar so, daß es in seinem Sinn und daß es richtig ist. Das ist das Wunder! Das wirkt der Heilige Geist.
Es wird uns heute aber noch etwas anderes ans Herz gelegt. Der Geist Gottes hat eine Wirkung. Wenn er redet, ist das etwas anderes als das Sprechen, das wir gewöhnt sind. Wenn nun auch wir durch Gottes Geist reden, geschieht etwas. Verkündigung ist ein Geschehnis. Es ereignet sich etwas Entscheidendes vom Himmel her. Gottes Geist kann in seinem Wesen nicht anders sein als Gott selbst. Und Gott hat immer gewirkt. Wie er ständig in seiner Schöpfung handelt, so wirkt er erst recht durch den Geist in seiner Kirche – immer neu, schöpferisch, verändernd.
Nun wird uns aber deutlich gesagt: »Es soll nicht durch Heer oder Kraft geschehen.« Unsere Menschenkraft wird nicht benötigt, unsere eigenen Ideen und unser Wille sind nicht ge-

fragt. Menschliche Macht gilt nichts, wenn es um die Gemeinde Gottes geht.
Wir könnten etwa anfangen, zahlenmäßig zu rechnen: Wie viele Christen sind da eine Macht? Da muß endlich gelernt werden: Gott baut ab! Er zerbricht jede äußere Macht der Kirche und jede Macht seiner Gläubigen.
Aber noch in einer ganz anderen Weise wollen wir erkennen, daß die Gemeinde Jesu nicht durch »Heer oder Kraft, sondern durch seinen Geist« leben darf. Wir meinen vielleicht immer noch, es müßten besonders reich veranlagte Menschen sein, die unendlich viel leisten, die ein gutes Gedächtnis haben und ausgezeichnete wissenschaftliche Arbeit schaffen, die diese Gemeinde bauen und am Leben erhalten. So ist es aber nicht. Wohl hat Gott da und dort besonders begabte Menschen ausgewählt, aber oft sind es die Armen, die Versager, die er benutzt hat. Er will es deutlich zeigen: nicht durch Menschenmacht. Pfingsten heißt: Nur noch Gottes Macht, Gottes Kraft, Heiliger Geist – nicht mein Geist, Gott macht's allein.
Das dürfen wir ernst nehmen, weil es unter uns geschieht. Es wird notwendig sein, daß ganz schlichte Menschen das Zeugnis geben. Der Geist kann mit diesen schlichten Menschen sein, und das Wort Gottes nimmt durch sie seinen Lauf. Er wird ihnen ins Herz geben, was sie reden sollen. Gott will eine Gemeinde haben, die nur von ihm lebt. Wir haben dann nichts Eigenes, keine eigenen Fähigkeiten, keine eigenen Möglichkeiten. Der Geist ist da, und er wirkt. Mitten im Abbau der äußeren Kirche baut Gott seine Gemeinde. Wie waren die Jünger am Ende! Da kam die Hilfe. Wenn wir am Ende sind, sind wir gut vorbereitet für das Wirken des Heiligen Geistes.
Wenn du in deinem persönlichen Leben ohne Rat und Hoffnung bist, wenn du nicht mehr beten kannst, wenn du elend und leer bist, um so stärker darfst du damit rechnen: Jetzt kommt der Geist Gottes, der mir Hilfe bringt. Freu dich, daß er kommt. Amen.

Johannes 15,26.27

Wenn aber der Tröster kommen wird, welchen ich senden werde vom Vater, der Geist der Wahrheit, der vom Vater ausgeht, der wird zeugen von mir. Und auch ihr werdet meine Zeugen sein, denn ihr seid von Anfang an bei mir gewesen.

Wie wird eine Bewegung von Gott her, eine Erweckung, erhalten und bewahrt? Wie bleibt sie auf dieser Erde wirksam? Es wird uns heute ganz klar gesagt: durch den Heiligen Geist. Jesus verheißt seinen Jüngern, daß der Heilige Geist kommen wird, daß sie ihn empfangen werden. Gewiß war er schon bei den Propheten da, es gab immer schon Eingebungen und Inspirationen des Geistes, aber daß ihn die ganze Gemeinde bekommt, ist erst durch Jesus möglich.

Der Heilige Geist kommt vom Vater. Wir Menschen haben und besitzen ihn nicht. Und weil wir von Natur aus ohne den Heiligen Geist leben, werden wir »religiös«, machen wir Anstrengungen, Gott nahe zu kommen. Wenn wir aber vom Heiligen Geist erfaßt sind, bekommen wir gute Gaben Gottes ohne unser Bemühen geschenkt. Was ist das Wunder! Bedenken wir, es ist derselbe Geist, den Gott selbst in sich trägt. Durch diesen Geist gibt sich der Vater im Himmel uns hin. Ohne Jesus und ohne Vergebung der Sünden wäre das aber nie möglich. Nur wo das Böse durch Vergebung vernichtet ist, wo das Wort ganz ernst genommen wird, kann der Geist wirken.

Was geschieht nun durch diesen Geist der Wahrheit, der von Gott her zu uns kommt? Er wird von Jesus zeugen. Wie wollen wir Jesus verstehen, wie sein Kreuz und seine Auferstehung begreifen, wie den Sinn des ganzen Heils erfassen? Wie wollen wir uns selbst erkennen in der Weise, wie Gott uns erkennt? Nur durch den Heiligen Geist. Wir brauchen ihn, damit wir sehen lernen. Dann erst wird Jesus deutlich und verständlich für uns. Wir haben zwar intellektuelle Gaben, wir können uns den Lebensweg Jesu plastisch vorstellen, wir haben auch die Möglichkeit, historisch, wissenschaftlich über ihn zu denken. Wir haben sogar die Fähigkeit, in der Gegenwart christlich ausgerichtet zu leben, aber das alles bringt uns Jesus nicht nahe. Was er in Wirklichkeit für uns ist, kann uns nur der Heilige Geist eröffnen. Durch ihn kommt uns der historische Jesus und seine Lebensgeschichte ganz nahe, durch ihn wird er uns als der Auferstandene gegenwärtig. Jedes schlichte Menschenkind kann jetzt diesen Jesus erfassen, wenn es ihn durch den Geist, der von Gott kommt, aufnimmt.

Darum können wir Predigten verstehen, darum können wir auch die Bibel lesen. Im Lichte des Heiligen Geistes können wir begreifen, was Apostel und Propheten uns zu sagen haben. Die ganze Bibel wird auf einmal aktuell. Sie kann sonst ein interessantes Buch sein, man kann sie studieren, aber wenn der Geist Gottes kommt, ist ihre Aussage gegenwärtig, für uns gültig.

Das gilt auch für unser Zeugnis. Welche Mühe geben wir uns, mit vielen Mitteln den Menschen das Evangelium nahezubringen.

Doch es ist viel einfacher: Haben wir den Heiligen Geist, wird uns das Wort gegeben, das wir brauchen.

Begreiflicherweise erhebt sich für uns die Frage: Was kann ich tun, damit der Heilige Geist in mir wirksam wird? Die Antwort ist eine eindeutige: Halte dich an Jesus. Die Jünger, die mit Jesus gegangen sind, bekamen diese Gabe, die Menschen, die heute mit Jesus gehen, bekommen sie auch. Er hat es gesagt: »Ich will den Vater bitten, und er wird euch einen Tröster geben, daß er bei euch sei.« Er bittet den Vater, und der Vater gibt uns seinen Geist.

Nur durch den Glauben an den Heiligen Geist wird eine Erweckung bewahrt. Glauben heißt nicht »Fürwahrhalten«. Glauben heißt: Ich nehme ihn in Anspruch. Wir haben den Auftrag, die Botschaft anderen zu sagen. Die Jünger durften Zeugen sein, weil sie bei Jesus gewesen waren. Wir dürfen Zeugen sein, weil wir in seiner Gemeinde sind. Da ist Jesus gegenwärtig. Und der Geist gibt aus der Fülle, er ist unerschöpflich. Unser Zeugnis wird dann nicht müde und langweilig, wir reden nicht etwas nach, unser Wort ist lebendig und frisch. Alter und Jugend wollen reines Quellwasser trinken. Die Quelle ist beim Vater, und der Geist gibt aus dieser Quelle, die nie versiegt.

Hebräer 4,14-16

Weil wir denn einen großen Hohenpriester haben, Jesus, den Sohn Gottes, der die Himmel durchschritten hat, so lasset uns halten an dem Bekenntnis. Denn wir haben nicht einen Hohenpriester, der nicht könnte mitleiden mit unserer Schwachheit, sondern der versucht ist allenthalben gleich wie wir, doch ohne Sünde.

Darum lasset uns hinzutreten mit Freudigkeit zu dem Thron der Gnade, auf daß wir Barmherzigkeit empfangen und Gnade finden auf die Zeit, wenn uns Hilfe not sein wird.

Wir haben einen Hohenpriester. Dieses Wort ist uns erst einmal fremd, weil wir einen Hohenpriester gar nicht mehr kennen. Die Priesterordnung des israelitischen Volkes ist ja abgelöst. Was war das Amt eines Hohenpriesters? Vor allem das Opfern. Durch das Opfer sollte den Gläubigen die Sündenvergebung deutlich werden. Der Hohepriester opferte einmal für sich selbst, weil er selbst ein Sünder war, und er opferte für die anderen, damit sie erkennen konnten: Hier tritt einer für meine Sünde ein, hier wird für meine Schuld geopfert.

Aber das alles war kraftlos, denn die Sünde blieb. Die Macht des Bösen war nicht überwunden. Der Tod stand als Endschicksal vor jedem einzelnen. Es wurde nur etwas vorgebildet, was einmal wahr werden sollte. Und das ist nun in Jesus Christus erfüllt. Er ist unser Hoherpriester, der sich selbst für unsere Sünden geopfert und sie weggenommen hat. Er hat den Himmel durchschritten, und er ist erhöht. Wohl ist er Mensch, ganz Mensch gewesen, aber zugleich ist er der Herr, der seine Gemeinde regiert. An diesem Bekenntnis laßt uns festhalten.

Nun kommt aber das Wichtigste. Dieser Hohepriester Jesus Christus kennt uns und kennt das Menschsein mit all den dunklen Verirrungen und mit aller Wirrsal. Elend steht der Mensch da. Das weiß Jesus. Er weiß es, weil er selbst freiwillig in unsere Schwachheit eingegangen ist. Er, der Reine, der Sündlose, mußte das Menschsein mit allen Versuchungen an sich tragen. Welch furchtbare Spannung! Welch eine Not für ihn! Wir betrachten wohl den leidenden Jesus am Kreuz, aber wir vergessen, daß er von Kindheit an erlitt, ein Mensch zu sein. Wie wir ist er versucht worden, nur daß er in allen Situationen überwand. Den Ungehorsam, die Lüste, alle Verkehrtheiten überwand und besiegte er. Er tat kein Unrecht. Das ist der Unterschied zwischen ihm und uns.

Darüber sind wir uns klar: Wer schon eine Zeitlang mit Jesus gegangen ist, wer immer enger mit ihm verbunden wurde, merkt die Macht der Sünde tiefer und gründlicher, als er sie im Anfang des Christseins überblicken konnte. Er empfindet die ganze Not unserer menschlichen Schwachheit. Bis zum Tode haben wir diese Schwachheit zu tragen. Das bleibt unser Leid. Wer das nicht sieht, will mehr sein als Jesus. Wer davon nichts weiß, erkennt nicht, was Jesus Leben war. Weil Jesus gelitten hat, weil er die Not der Versuchung durchexerzieren mußte, kann er mit uns leiden. Er kann erfassen und verstehen, was in uns liegt. Nichts ist ihm unbekannt. Er schaut nicht als ein Pharisäer auf dich mit vorwurfsvollem Blick. Er weiß um das Menschsein Bescheid und kennt dich. Solch einen Hohenpriester haben wir.

Wir können getrost zu ihm kommen. Laßt uns mit Freude »zu dem Thron der Gnade hinzutreten«. Wo sollen wir denn sonst hingehen mit unserem menschlichen Wesen in seiner Unvollkommenheit? Zu ihm, der herrscht. Ein Thron galt ja als Zeichen einer Herrschaft. Aber es handelt sich um eine Herrschaft in ganz anderem Sinn als dem gebräuchlichen. Jesus Christus ist ein »Herrscher der Gnade«. Er will dich beschen-

ken. Gehe hin zu dem Herrn, der dir so viel Hilfe geben will, wie du brauchst. Gewiß werden wir noch versagen, vielleicht sogar oft. Aber wir wollen richtig hören: Das wäre keine Hilfe, wenn wir immer fallen müßten. Wir bekommen die Kraft, der Versuchung zu widerstehen. Jesus ist der Hohepriester, der in der tiefsten Not und in unserer größten Anfechtung stärker ist, als unser Menschsein es hergibt.
Wenn die Jünger im Garten Gethsemane in die Anfechtung gefallen sind und nicht mit Jesus beten konnten, so war das ein Ausdruck ihrer ganzen Schwachheit. Aber wir dürfen durch die Kraft des Heiligen Geistes, den uns der Hohepriester schickt, den Schlaf überwinden. Wir müssen nicht fallen, wir dürfen beten. Das Wort des Hebräerbriefes ist wahr. Wir lernen es, darauf zu hören, und bleiben die Getrösteten und Gestärkten.

2. Petrus 1,3

Alles, was zum Leben und göttlichen Wandel dient, hat uns seine göttliche Kraft geschenkt durch die Erkenntnis des, der uns berufen hat durch seine Herrlichkeit und Kraft.

Das Christsein ist keine Sache der Erziehung, es ist eine Berufung. Es kann also keiner sich selbst zum Christen machen, auch Eltern sind ihren Kindern gegenüber ohne Machtbefugnis. Christsein liegt jenseits aller Erziehung und aller Pädagogik. Das müssen wir erst einmal sehen. Darum ist es wichtig, daß wir heute wieder hören: Wir sind berufen. Gott ruft! Dabei ist es gleich, ob einer eine besondere Bekehrung erlebt hat oder ob er von der Taufgnade her langsam zum Glauben gekommen ist. Gott hat berufen. Von dieser Tatsache lebt die Kirche Christi.
Das ist das Große: Die Berufung geschieht ohne unser Zutun. Wir werden nicht nach dem Stande, nach der moralischen Leistung, nach der Tüchtigkeit, nach dem harmonischen Wesen ausgesucht. Gott kann auch einen Trinker berufen. Zu Beginn der Geschichte des Volkes Israel steht die Gestalt eines Betrügers, der eine Erzgaunerei beging. Aber auf diesem Jakob lag Gottes Verheißung. Wir hätten lieber von einem sittenstrengen griechischen Philosophen gehört, der moralisch einwandfrei war. Ja, so sind wir! Aber Gott handelt anders.
Wir wollen heute mit Freude erkennen: Gott hat uns, die wir sein Wort hören, berufen. Nicht, weil wir besonders fromm und anständig sind, sondern weil er uns liebhat. Er nimmt jeden an. Er braucht auch die Trotzköpfe und die Dickköpfe. Das wollen die Trotzköpfe und die Dickköpfe immer noch nicht glauben. Sie meinen, sie wären von Gott verlassen. Nein, er holt gerade sie. Er braucht sie in seiner Gemeinde. Auch leidenschaftliche Menschen braucht er. Wenn Gott sie beruft, sind sie leidenschaftlich in seinem Dienst. Unsere Jugend soll

nicht glauben, sie würde nicht berufen, weil sie noch tolle Sachen im Kopf hat. Auch ein Junge, der viel Törichtes angestellt hat, kann von Gott erwählt sein. Ist das nicht wunderbar? So sieht's in der Gemeinde Gottes aus.

Berufung kommt aus der Herrlichkeit und aus der Kraft Gottes.

Bei Christus wird das ganz deutlich. Wen hat er berufen? Ausgerechnet den Levi aus dem Zöllnerstand, der mit dunklen Geschäften zu tun hatte. Dann beruft er zur Jüngerschaft den temperamentvollen Petrus, der immer so schnell mit dem Munde voran ist und der zunächst gar nicht gehorchen will. Thomas wird erwählt, der nicht ohne Bedenken glauben kann. Jesus hat Ehebrecher gerufen, Geschlagene, Zusammengebrochene. Zu den Kranken hat er sich gesellt. Das bedeutet mehr, als wir denken. Schwerkranke galten als von Gott Gestrafte und durften nicht in den Tempel eingelassen werden. Jesus holt sie zurück in die Gemeinschaft mit Gott und den Menschen.

Wir sind gewöhnt, von Jesus zu hören als von einem freundlichen Mann, der weich und sanft wirkt – und sehr altmodisch. So stellen ihn Bilder einer vergangenen Epoche dar. Aber ist das Jesus wirklich? Wir merken, wenn wir mit ihm umgehen, daß wir es mit einem ganz anderen zu tun haben, mit einem, der Gott radikal ernst nimmt, der gewaltige Erfahrungen macht, so daß wir von ihm gepackt werden. Er ist höchst aktuell. Darum werden wir zu ihm hingezogen, darum dürfen wir ihn als unseren Herrn anerkennen. Unsere Berufung wird deutlich.

Und was geschieht mit uns? Wir bekommen geschenkt, was zum »göttlichen Wandel« nötig ist. Dann mag wohl auch unsere Umgebung erkennen: Dieser Mensch ist fröhlich, er ist ruhig, er ist nicht beleidigt, nicht empfindlich, er kann viel vertragen. Er kann auch lachen, und er hat Humor. Wenn Niederlagen kommen, steht er wieder auf und bekommt neue Kraft. Wohl kann er einmal sagen: Es ist genug. Doch dann wandert er mit wenig Gepäck weiter zu neuen Aufträgen.

Man kann die Kraft, die das bewirkt, bemerkenswert finden. Wann aber wird diese Kraft – wann wird das Kraftwerk für uns von Bedeutung? Wenn die Leitungen bis zu uns gehen und wenn wir sie in Anspruch nehmen! Die Leitungen des ewigen Kraftwerkes sind gebaut. Gott wartet auf Menschen, die sagen: Ich nehme mit Freuden.

Johannes 15,16

Ich habe euch gesetzt, daß ihr hingehet und Frucht bringet und eure Frucht bleibe.

In unserem Text heißt es deutlich, von Jesus selbst gesagt: »Ich habe euch gesetzt, daß ihr Frucht bringt.« Jesus Christus, der Herr der Gemeinde, hat sich also mit den Menschen, die ihm nachfolgen, etwas vorgenommen. Wir haben eine Sendung, einen Auftrag auf dieser Erde: Wir sollen hingehen und Frucht bringen.

Was gilt nun im Neuen Testament als Frucht? Die Früchte des Geistes werden uns im Galaterbrief genannt (Gal. 5,22). Frucht bringen heißt, daß in uns gute Gottesgaben zur Auswirkung kommen. Wenn Jesus sagt: »Ich habe euch gesetzt, daß ihr Frucht bringt«, dann sorgt er auch dafür, daß es geschieht. Sein Wort ist zugleich Schöpfung, machtvolles Handeln. Das vollzieht sich ähnlich wie in der Natur. Ein Baum, der gesetzt ist, z. B. ein Apfelbaum, ist dazu da, daß er Frucht bringt.

So werden wir in die Welt gesandt, damit wir Geistesfrüchte bringen. Es sind die Früchte, die wir alle ersehnen und gern besitzen möchten: Freundlichkeit, Demut, Glaube, Friede, Freude, Keuschheit, Liebe. Wir bekommen sie. Wir dürfen uns schon jetzt darauf freuen.

Es wird aber noch mehr gesagt. Wer die Zusammenhänge des Textes prüft, wird erfahren, daß wir die Früchte des Geistes nicht für uns behalten sollen. Frucht bringen heißt, andere mit in diese wunderbare Wirklichkeit hineinzunehmen. Der Mensch neben uns wird aufmerksam und fängt an zu fragen: Was ist das, das diese Christen haben? Und der Aufrichtige wird nach der Ursache forschen. Frucht bringen heißt also, daß Menschen durch mein Wesen, einfach durch mein Dasein für Christus gewonnen werden. Frucht bringen geschieht auch durch das Wort. Aber das Wort ist mit dem Leben verbunden. Wort und Leben sind eins. Die Botschaft Jesu wirkt in dir und durch dich.

Das Große ist, daß diese Frucht bleiben soll. Sie darf nicht wieder verderben. Es ist nicht wie bei manchen Erweckungsbewegungen, die wohl Blüten, aber keine Früchte aufweisen. Ich verliere die Früchte des Geistes nicht wieder, und auch andere, die durch meinen Dienst gewonnen sind, bleiben beschenkt. Gewiß gibt es auch Enttäuschungen, darüber sind wir uns einig, aber das sagt Jesus jetzt nicht. Diese Möglichkeit läßt er einfach liegen. Er redet nicht wie die moderne Christenheit, die immer gleich vom Versagen weiß. Für Jesus gilt: Ich will es, ich sage es euch, und ich mache es auch.

Als Trost dürfen wir hören: Frucht bringen ist keine Forderung, die wir zu erfüllen haben. Es geschieht an uns. Nur müssen wir es uns gefallen lassen. Wir sollen wachsen wie ein Baum oder ein Strauch. Wie Baum und Strauch in der Erde verwurzelt sind, so dürfen wir als Kinder Gottes in Jesus wurzeln.

Laßt mich noch eins sagen: Die Demut ist die Frucht, die am schwersten heranreift. Es scheint das Allerbelastendste zu sein, wenn wir hören: Seid demütig. Unterwerft euch Gott! Widersteht nicht dem Wirken des Geistes! Mag der alte Mensch noch so toben, sage »ja«, wenn du beiseite gesetzt wirst, wenn dich der oder jener beleidigt. Durch solche Demütigungen lernst du, demütig zu sein. Dann kann Gott sein Werk an dir tun. Er löst dich von deinem Ichwesen, und der Boden ist bereitet.

Wir sind nie von Gott verlassen, auch wenn wir einmal eine Zeitlang nicht beten und nicht glauben können. Wenn wir das denken, sind *wir* ja fromm. Freue dich, daß du einmal nicht beten kannst, da ist endlich deine eigene Frömmigkeit kaputtgegangen. Nun betet er in dir.

Wer das so versteht, wer dieses Sein in Jesus lebt und darin bleibt, der bringt Frucht. Wer geistlich dürre und schwere Zeiten, die über uns kommen können, als untragbare Last ansieht und davon schwermütig wird, der kann keine Frucht bringen.

Wir brauchen nicht auf uns zu bauen. Es ist schön, daß wir uns ganz auf Jesus stützen dürfen. Jesus ist barmherzig, er hilft uns.
In Jesus sein und in ihm bleiben heißt, ihm immer zur Verfügung stehen, sich von ihm bedienen lassen. Das ist doch angenehm, daß wir in diesem Punkt des Lebens einmal nicht so viel selber zu leisten haben, sonst müssen wir uns immer so anstrengen. Auf dem Gebiet des Glaubens ist es anders. Wir sind Erlöste, darum bringen wir gute Frucht.

Johannes 10,14.15

Jesus spricht: Ich bin der gute Hirte und kenne die Meinen, wie mich mein Vater kennt, und ich kenne den Vater. Und ich lasse mein Leben für die Schafe.

Die Worte Jesu sind nur dann Licht und Leben für uns, wenn er selbst gegenwärtig ist, wenn sein Wesen in unser Menschsein einbricht, wenn seine Art in uns lebendig wird, er in uns »leibt und lebt«. Die persönliche Nähe Christi ist also für uns alle. Darum gilt es, das »Ich bin«, das Jesus spricht, ganz ernst zu nehmen. Er ist der einzig wahre und nie enttäuschende Hirte und Seelsorger der Gemeinde, ja der ganzen Menschheit. Hirten, Seelsorger, Pfarrer mögen in großer Anzahl eingesetzt werden, doch ohne die Person Jesu Christi sind sie alle mühevolle Arbeiter ohne Kraft und helfende Liebe.

Sie versagen rettungslos. Nur in der ständigen Berührung mit Jesus selbst, nur im immerwährenden Verkehr mit ihm werden wir rechte »Hirten« und »Lehrer«. Nur von seiner Person kommt Klarheit, Glanz und Hoheit auf unser Leben. Der Ruf an uns ist, ihm ganzes Vertrauen zu schenken, die Verbindung mit ihm aufrechtzuerhalten, mit ihm eins zu werden.

Wie leicht wird uns das gemacht! Er, der gute Hirte, der sich für uns in den Tod gegeben hat und vom Vater auferweckt ist, kennt uns. Er weiß um unsere Schwierigkeiten, um jede Not unseres Lebens. Jedes ungelöste Problem durchschaut er. Du magst mit einem Menschen im Konflikt stehen, du bist von einer Sorge um einen Angehörigen umgetrieben, ernste Berufssorgen haben dich erfaßt, du stehst in Examensangst – was es auch sei: Er weiß, er weiß. Und er wird Lösungen geben, verschlossene Türen öffnen, blockierte Straßen nach vorn frei machen.

Wie versteht er dich aber auch in deinem ernsten, schweren Kampf mit der Sünde, mit den vielen Charakterfehlern, mit dem Kummer, den du um deiner Niederlagen willen hast! Wie kann er dich begreifen, wenn dich Finsternisse umgeben, wenn das Böse dich mit Macht anficht! Du weißt weder ein noch aus. Er schaut in dein verzweifeltes Herz. In großer Liebe umfängt er dich.

Was ist das für eine gewaltige Sache, daß er alle Sünden erläßt, daß er dir ein rechtes Leben im Sinne Gottes verheißt und geben wird. Wir können mit dem ersten Johannesbrief bekennen: Er reinigt uns von aller Untugend. Die Folge von solchem Entgegenkommen des guten Hirten ist, daß wir ihn immer besser kennenlernen. Sind wir zuerst zaghaft ihm gegenüber, wagen wir nicht, mit jeder Not, mit jeder Sünde zu ihm zu kommen, so lernen wir nun Schritt für Schritt, wie sein ganzes Wesen von einer großzügigen Barmherzigkeit durchdrungen ist. Hat er nicht sein Leben für seine Schafe gelassen? Bei einer solchen Liebe werden wir uns in jeder Lage gern zu ihm wenden. Das Vertrauen zu ihm wächst von Tag zu Tag. Wir werden begnadet, ihn in seiner Macht und Kraft für uns in Anspruch zu nehmen, dadurch werden wir auch stark.

Und das Große: Dieser gute Hirte ist der Herr der Gemeinde, die er in gütiger Weisheit zum Ziele führen will und wird. Wir sehen im Glauben seine Herrlichkeit. Er ist wahrhaftig der ewige Seelsorger, der in seiner Hirtentreue uns ständig das Beste geben will.

So wird unser Verhältnis zu Jesus Christus wunderbar gestaltet. Wir leben in derselben Verbindung mit ihm, wie er sie mit dem Vater hat. Denken wir doch einmal darüber nach.

Psalm 68,4.5

Die Gerechten aber freuen sich und sind fröhlich vor Gott und freuen sich von Herzen. Singet Gott, lobsinget seinem Namen!

Wir nennen uns Christen. Nehmen wir unser Christsein aber nicht einfach hin als christliche Tradition und als christliche Kultur? Wir hören die Predigt, wir lassen uns unterrichten, aber es fehlt etwas Entscheidendes: die Freude! Wenn wir in die christlichen Gemeinden hineinschauen, sehen wir bedrückte Menschen, die oft mühselig durchs Leben gehen. Man hat den Eindruck, als wäre die christliche Gemeinde besonders trübselig geartet. Es ist gar kein Jubel da, nur ein Seufzen. Gewiß, wir erkennen an, daß es auch das Seufzen geben muß, aber was hat den Vorrang? Die Freude ist noch nicht genügend in unsere Gemeinden und in unsere Herzen eingedrungen.

In unserem Psalm heißt es nun: »Die Gerechten müssen sich freuen und fröhlich sein vor Gott und von Herzen sich freuen.« Die Menschen, die so sprachen, hatten noch nicht die ganze Herrlichkeit des Evangeliums erfahren, und trotzdem redeten sie von der Freude. Sie kannten noch nicht die völlige Einheit mit dem Vater, und doch jubelten sie. Heute kommt die Mahnung zu uns, Gott zu ehren und die Freude in den Mittelpunkt zu stellen. Wir haben allen Grund dazu. Laßt uns einiges in den Blick bekommen.

Die Freude sollte darum so groß sein, weil wir mit dem ewigen, mit dem »ganz anderen« uns fremden Gott, von dem wir uns gelöst haben, eins sein dürfen. Wir können mit ihm so verkehren wie Kinder mit dem Vater, wir sind im ständigen Gespräch mit ihm. Das ist etwas Gewaltiges! Wir leben nicht nur von dieser Erde und ihrem Getriebe, sondern wir haben Verbindung mit Gott, der in einem Licht wohnt, »da niemand zukommen kann«. Das ist kein Gedanke, keine intellektuelle

Vorstellung, nein, wir haben eine völlig echte Herzensverbindung mit dem Vater im Himmel. Er redet mit uns, wir reden mit ihm. Wenn ich einsam und müde bin, wenn ich nicht mehr weiter kann, wenn ich Aufgaben zu erfüllen habe: Er ist bei mir. Noch mehr: Ich, der Schuldige, der von Gott getrennt lebt, darf nun mit ihm eins sein, welch eine Liebe!

Und diese Verbindung mit dem Vater ist nicht nur eine gelegentliche, sondern eine ständige. Das ist das große Wunder, das durch Jesus Christus geschehen ist. Die geschlossenen Himmelstore werden geöffnet, die Welt Gottes senkt sich auf uns herab. Jesus lebt. Das darf jeder im persönlichen Leben und in der Gemeinde erfahren. Ist das nicht zum Freuen?

Daß Gott uns Sünder annimmt, bedeutet aber auch, daß er uns zurechtbringt. Es wäre ja furchtbar, wenn wir bekennen müßten: Der Vater schaut uns wohl gütig an, aber wir haben die Last der Sünde zu tragen bis zum Ende des Lebens. Nein, nun kommt die andere herrliche Botschaft: Er, der Vater, hat uns durch Jesus Christus dazu berufen, daß wir anders werden. Er gestaltet uns neu nach seinem Bilde. Wer mit dem Vater umgeht, zu ihm betet, mit ihm eins ist, bekommt etwas von seinem Wesen mitgeteilt. Der Vater ist barmherzig, wir dürfen auch barmherzig werden, der Vater ist sanftmütig, wir werden es auch.

Was ist dazu nötig? Keine Anstrengung, kein furchtbares Ringen, nur ein immer neues Eingehen auf den Vater. Der Verkehr mit ihm ist das Ausschlaggebende.

Noch etwas wird uns geschenkt: Wir stehen in der Führung des Vaters. Wir sind kein Spielball der Schicksalsmächte. In der Gemeinde Jesu geschieht es, daß ein Menschenkind mitten in dieser technischen Welt, in dieser Welt des Atomzeitalters lebt und arbeitet und von Gott einzigartig geführt wird. Wie viele können das bekennen. Der Mensch wird persönlich genommen, der Vater leitet uns durch alle Probleme dieser Welt.

Wenn wir das neu in uns aufnehmen, dann dürfen wir auch wieder den einen Namen rühmen, der das alles möglich macht:

Jesus! Als er, der Reine, der vom Vater und ganz eins war mit ihm, in die Nacht, in die Gottesferne hinabstieg im Gehorsam zum Vater, da öffnete sich der Himmel: Es ist vollbracht! Aber nicht nur für ihn tat sich der Himmel auf, sondern für alle, die an ihn glauben. Es ist wahr: Die Gerechten dürfen sich freuen.
Jedes Wort der Vergebung, das wir sprechen, das wir füreinander und untereinander verkündigen, bedeutet den offenen Himmel, bedeutet Einssein mit dem Vater durch Christus. Darum die Freude! Es möge uns klarwerden: Die Gerechten müssen sich freuen, sie können gar nicht anders. Der Herr helfe uns dazu. Amen.

Daniel 9,18

Wir liegen vor dir mit unserem Gebet und vertrauen nicht auf unsere Gerechtigkeit, sondern auf deine große Barmherzigkeit.

Bis zu dieser Stunde stehen wir in dem Ringen um Gerechtigkeit. Es ist in der Geschichte der Kirche niemals beendet. Wenn wir die Psalmen lesen, neutestamentliche Stellen aufschlagen, geht es entscheidend um unsere Gerechtigkeit, um unser Gutsein. Gott sagt es in seinem Wort: Er will das rechte Leben.
Wie gestalten wir aber dieses Leben vor Gott? Die ganze Christenheit macht sich an die Arbeit. Wir strengen uns an. Wir wollen anders sein, besser sein – vor Gott anders sein, vor Gott besser sein. Dieser Kampf ist bis heute im Gang. Er sieht so aus: Wenn ein Menschenkind in Sünde und Schuld hineingekommen ist, meint es: »Ich kann jetzt vor Gott nicht bestehen. Jesus nimmt mich nicht mehr an. Ich versage so oft, deswegen bin ich getrennt von Jesus, und deswegen will Gott nichts mehr von mir wissen.« Wie viele bleiben in solcher Auffassung hängen. Sie können auch entsprechende Bibelstellen nachweisen und bekennen: »Mein Gebet wird nicht erhört, weil ich kein Gerechter bin. Nur der Gerechten Gebet vermag viel, wenn es ernstlich ist.« Nicht wahr, wie bedrückend ist diese Lage. Ich möchte gut, gerecht und richtig vor Gott leben, ich versage aber. Darum ist Gott gegen mich, darum wendet sich Jesus von mir ab.
Bei dem Propheten Daniel wird uns ein Weg gewiesen, der uns eine Freude sein darf, eine ganz große Freude für uns alle. Es geht jetzt nicht um unser Gerechtsein, es geht um Gottes Barmherzigkeit. Das ist das erlösende Wort. Das ist das Wort zur wahren Freiheit. Das Heil hängt also nicht von deinem Laufen und Rennen ab, es hängt nicht davon ab, ob du dieses und jenes tust, sondern es hängt davon ab, wie Gott zu dir

steht, was er mit dir macht. Er ist barmherzig! Das ist die Lösung.

»Wir liegen vor dir mit unserem Gebet!« Und unser Gebet gründet sich auf seine große Barmherzigkeit, auf seine grenzenlose Barmherzigkeit. Wir singen mit Tersteegen von dem »Meer der Liebe«.

Wir, die wir nicht richtig leben können, weil wir uns von Gott getrennt haben, wir erfahren, daß er die Verbindung zu uns wiederherstellt. Er macht es! Das ist die große Barmherzigkeit. Wir werden wieder in die Ordnung hineingestellt, aus der wir herausgefallen sind. Wir sind herausgefallen aus Gott – und darum die entsetzliche Not. Jetzt kommt er und bringt uns wieder zu sich zurück – aus Barmherzigkeit.

Daß wir aber dabei nichts verwechseln. Gott nimmt uns in seiner Barmherzigkeit an, wie wir sind, aber wir dürfen nicht meinen, daß er uns bis an unser Lebensende läßt, wie wir sind. Er spricht nicht nur: »Ich nehme dich an.« Er handelt gleichzeitig. Es ist also nicht so, daß wir mit einer bestimmten Charakteranlage stehenbleiben und sagen müssen: »So muß ich leben bis ins Alter.« Das sind schlechte Seelsorger, die meinen: »Ja, den Zorn, den du hast und der immer wiederkommt, den mußt du behalten.« Weil du einen Urgroßvater hattest, der sich im Zorn gehenließ, mußt du diese Erbanlage hinnehmen? Sind wir denn noch im Alten Bund? Damals bekannte man: »Wir werden heimgesucht an den Kindern bis ins dritte und vierte Glied.« Durch Jesus wissen wir: »Barmherzigkeit Gottes bedeutet, daß alles, aber auch alles in Ordnung kommt.«

Das einzig Notvolle ist, daß wir einen Widerstand gegen diese Botschaft haben. »Es ist nicht möglich«, denke ich, »auf mich trifft das nicht zu.« Von wem lassen wir uns leiten, wenn wir so verneinen? Der, der die Verneinung in uns treibt, ist der Widersacher, der ewige Verneiner. Freu dich doch, daß Gottes Güte alles zu schaffen vermag. Nimm sie an und lobe und danke dafür.

Gewiß werden wir nie fertig. Bis zum Ende unseres Lebens haben wir den Kampf des Glaubens zu kämpfen. Aber dieser

Kampf heißt: Ich gründe mich täglich auf Gottes Barmherzigkeit. Er nimmt mich nicht nur an, er gestaltet mich um. Er macht mich zu seinem echten Geschöpf – wir nennen es Gotteskind.

Wir müssen viel Eigenes wegwerfen, weil wir so sehr gewöhnt sind, aus der eigenen Verantwortung heraus zu leben. Das ist falsch! Ein Christ lebt aus der Verantwortung Gottes. Er tut sein Werk in mir, dann ist es sein gutes Werk. Wir können gelöst und frei leben, die Verkrampfungen und Müdigkeiten hören auf. Wir werden jeden Tag in die Barmherzigkeit Gottes hineingenommen, das ist ein glückliches Leben.

Philipper 2,5.8

Ein jeglicher sei gesinnt, wie Jesus Christus auch war. Er erniedrigte sich selbst und ward gehorsam bis zum Tode, ja zum Tode am Kreuz.

Jesus war ganz Mensch. Er lebte wie wir in allen Begrenzungen und Mühseligkeiten. Er arbeitete, er mußte essen, trinken und schlafen. Er betete als ein Hilfloser. Er wurde vom Satan versucht. Er sündigte nicht, doch hätte er sündigen können.

Ein schlichter Mann war er, ein echter Zimmermannssohn aus Nazareth, ein »wahrhaftiger Mensch«, von der Jungfrau Maria geboren.

Das Menschsein Jesu ist in Freiheit eigenartig und einzigartig von ihm gestaltet worden. Jesus ging den »untersten Weg« im irdischen Leben. Er suchte das Geringe, er verzichtete auf Höhenwege, auf Macht und Glanz dieser Welt. Dagegen ist er auf der Schattenseite des Daseins zu finden. Er wählte die Armut, rühmte die kindliche Einfalt, er sagte ja zum Leiden. Ecce homo – seht, welch ein Mensch! Wieviel hat er seelisch durchgestanden! Durch welche Finsternisse ging er! Welche leiblichen Schmerzen mußte er erdulden! Keine Qual des Menschenlebens ist ihm erspart geblieben. Und dann starb er als Verlassener am Kreuz, ausgestoßen aus der Gottesgemeinde des erwählten Volkes.

Paulus erkennt, daß dieses Leben Jesu im Gehorsam gegenüber seinem Vater im Himmel geführt worden ist. Nichts darin ist verkehrt, nichts ist zu beklagen, nichts ist abzulehnen. Sein Leben ist vollkommen. So hat es Gott gewollt. Gott selbst bestätigt es: »Dies ist mein lieber Sohn, an dem ich Wohlgefallen habe.« So entdecken wir in Jesus den »Menschen aller Menschen« nach Gottes Willen.

Nun wagt es Paulus, uns zu ermuntern und zu ermahnen, wie Jesus Christus gesinnt zu sein. Welch eine Kühnheit! Doch auch welche Möglichkeiten, welche Perspektiven für das ganze Menschengeschlecht! Paulus darf so schreiben, weil er als ein vom Geiste Gottes Ergriffener so eindeutig in Jesus lebt, in Jesus, dem Gekreuzigten und Auferstandenen, daß er Jesus auch in seinem Menschsein und darum in seiner Passion gleichförmig wird. Die Philipper, die vom gleichen Geiste erfüllt sind, verstehen ihn. Wir können seine Botschaft auch aufnehmen.

Wir brauchen nicht in unserem Hochmut, in unserer belasteten Ich-Frömmigkeit, in unserer Rechthaberei, in unserem Mammonsdienst, in unserem Geiz, aber auch nicht in unserer Müdigkeit, Verzagtheit und Verzweiflung zu bleiben. Wir sollen nicht zusammenbrechen und untergehen. Wir werden von Jesus erfaßt. Das bedeutet, daß wir Schritt für Schritt lernen, in ihm mit Freuden immer kleiner zu werden. Zu unserem Leben gehört es, Demütigungen gern auf uns zu nehmen, ja dafür zu danken. Wir sind bereit, Opfer zu bringen und auf eigene Vorteile zu verzichten, damit in unserem Tun und Denken Jesus verherrlicht wird.

Gewiß ist dieser umwandelnde Prozeß für uns mit Schmerzen verbunden. Das große alte »Ich«, das sehr zäh ist, wehrt sich dagegen. So wurde ich von einer Demütigung zur andern geführt. Da seufzte ich: »Wie lange soll das andauern?« Es schien mir zu schwer zu sein. Langsam wandelte sich dieses Leiden am »Ich« zur Freude, im Sinne Jesu leben zu können. Jesu Selbsterniedrigung gestaltet uns völlig um. Wir brauchen nicht das gleiche zu erfahren wie er, das wäre Überforderung. Doch »unten durch« sollen wir gehen. Der Geist Gottes hat die Kraft und die Macht, Jesu Wesen in uns einzuüben.

Was wird uns dabei praktisch alles gegeben? Wir können den schwierigen Mitarbeiter als von Gott geschickt ertragen. Wir meistern den harten Alltag. Wir stellen uns unter den Partner. Einer achtet den andern höher als sich selbst. Ungerechtigkeiten werden verkraftet.

Wir nehmen in rechter Weise an Jesu Passion teil. Welche Herrlichkeit!

Gehörst du zu jener vorwärtsstrebenden Gemeinde, die es wagt, das neue Menschentum Jesu in dieser Weise darzustellen? Sage im Glauben j a.

Lukas 17,5.6

Und die Apostel sprachen zu dem Herrn: Mehre uns den Glauben! Der Herr aber sprach: Wenn ihr Glauben habt wie ein Senfkorn und saget zu diesem Maulbeerbaum: Reiß dich aus und versetze dich ins Meer!, so wird er euch gehorsam sein.

Wir möchten alle miteinander vor Jesus treten und wie die Jünger bitten: »Stärke uns den Glauben!« Laßt uns hören, was Jesus auf solch eine Bitte antwortet. Er sagt nicht: »Ich will euch mehr Glauben schenken.« Ein eigenartiges Wort spricht er, das für uns zunächst kaum eine Antwort ist: »Wenn ihr Glauben habt wie ein Senfkorn und sagt zu diesem Maulbeerbaum: Reiß dich aus und versetze dich ins Meer!, so wird er euch gehorsam sein.«
Jesus rechnet damit, daß die Jünger Glauben haben. In den Christen ist überall Glaube vorhanden. Das kann Kleinglaube sein, es kann verborgener Glaube sein, aber Glaube ist da.
Dieser Glaube braucht nicht stark zu sein, er kann so klein, so winzig sein wie ein Senfkorn. Es darf ganz unbedeutender Glaube sein. Ihr werdet alle sagen: »Solchen Senfkornglauben haben wir wohl.«
Aber was soll mit diesem Senfkornglauben geschehen? Jesus sagt nicht: »Dieser Glaube muß gemehrt werden«, so bequem macht er es uns nicht. Bei vielen von uns herrscht die Vorstellung: Jesus gibt uns Glauben, und dann sind wir stark. Ich habe aber nicht gesehen, daß die Menschen, wenn sie laufen lernen, unbeteiligt sind. Die kleinen Kinder können nicht sagen: »Mutti, lehre uns das Laufen!« Und dabei bleiben sie im Bettchen liegen. Ich sehe immer, daß die Kinder wirklich versuchen zu gehen. Sie machen Laufübungen, und zwar immer wieder, wenn sie auch hinfallen.

So ist es auch beim Glauben. Du bist beteiligt. Glauben heißt: Laufe! Tu mit! Übe dich! Wohl spricht zuerst Jesus das Wort der Verheißung, aber dann haben wir zu gehorchen. »Übe dich im Glauben, weil er gerufen hat.« Wer das versteht und nicht im Schlaraffenland leben will, sondern sich beteiligt am Werke Gottes, der wird entdecken: Wenn wir auch nur den geringsten Glauben haben, können wir Ungeheures erfahren.
Das Wort vom Maulbeerbaum ist ein Gleichnis. Bildhaft wird uns gesagt: Wenn du es dem Herrn zutraust, kannst du in deinem Leben vieles verändern.
Das geht etwa so vor sich: Du hast den Berg oder den Maulbeerbaum von Schwierigkeiten vor dir in einer Lebensfrage, und alles ist ungeklärt. Nun glaubst du und traust es dem Herrn zu, daß er die Dinge entwirrt. Da wird diese Schwierigkeit, dieser Maulbeerbaum wie weggeblasen sein. Der Glaube ist eine Macht! Diese Macht wird uns gegeben durch Übung.
Wir stehen oft hilflos vor unseren Zwangsgedanken, vor unseren Neurosen. Wir meinen, daß wir ihnen ausgeliefert sind, daß es schlimmer mit uns wird. Da dürfen wir hören: Wenn wir Glauben haben wie ein Senfkorn, lassen wir das Schwarzmalen. Wir wissen, daß Zwangsgedanken ebenso aufhören wie satanische Einflüsse. Diese Mächte sind alle gebrochen. Es kommt dann die gute Stunde, da wir frei werden, weil wir uns mit kindlichem Vertrauen an Gott halten.
Viele können so etwas noch nicht fassen, sie sehen es als unmöglich an. Vielleicht hast du auch noch nicht begriffen, daß du am Werke Gottes beteiligt bist. Wenn du aber treu bist, erfährst du es. Seelsorgerlich noch ein Wort: Glaubensübungen bedeuten nicht, daß du immer sofort den Sieg erlebst. Das wollen die Menschen so gern. Ach, sind die Christen bequem, wenn es um den Glauben geht! Überall lernen und schaffen sie. Überall können sie bis in die Nacht hinein arbeiten, nur beim Glauben will man nichts tun. Ich kann dir nur sagen: Übe dich. Dann fällst du und hast Niederlagen. Aber was ist wichtig? Daß du wieder aufstehst! Du fängst noch einmal an

und sagst: »Ich glaube doch!« Und so lernst du glauben. Und wenn du tausendmal wieder aufstehen mußt, das schadet nichts. Du kommst doch zum Sieg. Der Erfinder der Glühlampe hat Tausende von Versuchen gemacht, bis die Lampe fabrikmäßig hergestellt werden konnte. Er gab es nicht auf. Werde du auch nicht müde. Wage es, durch Niederlagen und Enttäuschungen zu gehen. Ich möchte dir Mut machen. Halte dich an die Verheißung. Du wirst durchstoßen zum fröhlichen, siegreichen Glauben.

1. Johannes 4,16

Wir haben erkannt und geglaubt die Liebe, die Gott zu uns hat.

Wir reden viel von der Liebe Gottes, aber wir verstehen sie so schwer. Nach zwei Richtungen geht das große Mißverständnis in der Gemeinde Jesu. Da sind einmal diejenigen, die es mit ihrem Gewissen sehr genau nehmen. Sie beobachten jede Sünde, die sie begehen, sehen immer nur, daß sie versagen und nicht als rechte Christen leben können.

Sie resignieren und sagen: »Gott will mich nicht, Gott verwirft mich, denn ich lebe ja nicht so, wie er es wünscht.« Unter solchen Qualen litt Luther im Kloster. Noch heute, wo wir nicht mehr unter dem Gesetz und seinen Forderungen stehen, ringt eine Schar von Christen um die Frage: »Hat Gott mich lieb? Gilt die Botschaft des ersten Johannesbriefes auch mir?« Doch es gibt auch Christen, die die Liebe Gottes leichtfertig in Anspruch nehmen. Man spricht vom »lieben Gott« und meint, sich jede Freiheit leisten zu können. Es ist nicht nötig, sich zur Gemeinde zu halten, sich unter Gottes Wort zu stellen. Man lebt in der Vorstellung: »Ich komme auch mit meiner privaten Frömmigkeit in den Himmel. Ich bete, ich glaube an Gott, das genügt.« Dazu kommt, daß man meint, in der Lebensführung völlig frei zu sein. Hemmungsloses Trinken und Spielen schadet nichts, man kann den andern übervorteilen, kann ihm böse sein. Vergebung ist nicht nötig, gute Werke sind überflüssig.

Denen, die es bitter ernst nehmen mit ihren Sünden, die mit ihrem Gewissen in Konflikt leben, sei gesagt, daß gerade ihnen die Liebe Gottes gilt. Diese Liebe wird in Jesus Christus offenbar. Er trägt alle Sünde. Das bedeutet, daß er dich annimmt, wie du bist. Und wenn du das Schlimmste getan hättest, du bist Gottes geliebtes Kind. Er hat dich dazu gerufen, und er meint es sehr gut mit dir. Er stellt keine Forderungen an dich, du darfst kommen und glauben. Und zwar kannst du nicht nur einmal, sondern immer wieder kommen. Die Liebe Gottes ist unendlich, sie »hört nimmer auf«. Und wenn du auch wieder versagst, wenn du böse Gedanken gehabt hast, wenn du nicht fertig geworden bist mit den sexuellen Nöten und mit all dem Unerfreulichen, das dich bedrückt, er hat dich lieb, er bringt dich zurecht. Jeden Tag nimmt er dich von neuem an.

Gottes Liebe reicht dazu aus, daß dein geplagtes Gewissen ruhig wird. Jesus hat die ganze Last der Schuld stellvertretend auf sich genommen. Wenn er sie am Kreuz von Golgatha getragen hat, brauchst du dich nicht mehr zu sorgen. Wer durch einen verkehrten Lebenswandel ins Gefängnis kommt, muß die Strafe zwar durchmachen. Wenn er aber im Glauben die Vergebung der Sünden erfährt, wird ihm die Strafzeit zum Segen. Das wissen wir aus vielen Zeugnissen von Menschen, die im Gefängnis zu Gott gefunden haben.

Nun bist du aber vielleicht in deinem Gewissen immer noch belastet, weil du nicht so bist, wic du gern sein möchtest, obwohl du zu Jesus gekommen bist. Du bist egoistisch, du hast aus Neid etwas Schlimmes angerichtet, du kannst die Sorgen noch nicht abwerfen. Glaube es trotzdem: Die Liebe Gottes gilt! Jesus nimmt nicht nur unsere Sünde auf sich, er will, daß wir von der Sünde loskommen. Das geht unter manchen Nöten, unter manchem Seufzen vor sich, aber er schafft es. So können wir auch glauben, daß er alle Ereignisse unseres Lebens zum Guten führt. Es gibt nicht nur die schweren Erlebnisse, die unmittelbar aus der Sünde entstanden sind. Wir stehen in einer Welt, die viel Elend kennt. Krankheiten, Nöte, Enttäuschungen überfallen uns. Es ist oft nicht einfach, die Liebe Gottes zu erkennen. Und doch dürfen wir wissen: Mitten in jeder Not ist er bei uns. Er führt seine Gemeinde und die einzelnen in seiner Gemeinde hindurch. Es gibt nichts, was er nicht in der Hand hat und in Herrlichkeit umwandeln kann.

Jesus ist durch das schwerste Leiden zum Kreuz gegangen.

Und was ist von diesem Kreuz zu uns gekommen! Welch unfaßbarer Segen ist der Welt geschenkt worden. Wer das Kreuz so begriffen hat, der wird sagen: »Ich will gern an meinem kleinen Teil um Jesu willen leiden.«
Die Liebe Gottes führt uns zum großen Ziel. Jesus Christus wird wiederkommen, und wir werden ihm gleich sein dürfen. Jetzt sind wir noch auf dem Wege zu diesem Ziel, aber es wird einmal erreicht. Wir können die Nähe Gottes und das Kommen Jesu ernst nehmen. Er will nicht, daß diese Erde weiter so leidet, er will nicht, daß wir immer wieder Krieg durchmachen, daß wir in Selbstzerstörung hineingeraten. Er will diese Erde und uns in Ordnung bringen.
Nun wissen wir aber auch, daß die Gleichgültigen, die die Gnade billig nehmen und mit der Botschaft nicht Ernst machen, aufgeweckt werden müssen. Sonst erleben sie unvorbereitet das Kommen Jesu, und es wird für sie ein Erschrecken. Wir möchten alle den Tag mit Freude erwarten. Gottes Liebe will uns das Herrlichste geben.

1. Johannes 5,4

Alles, was von Gott geboren ist, überwindet die Welt; und unser Glaube ist der Sieg, der die Welt überwunden hat.

Wissen wir eigentlich, was es bedeutet, wenn wir als Gottgeborene bezeichnet werden? Eine hohe Auszeichnung ist das! Von Gott Geborene, Wiedergeborene dürfen in der neuen Schöpfung leben, können die Gottesherrschaft sehen. Der einzelne Mensch wird in der Wiedergeburt in die Sohnesart gegenüber dem himmlischen Vater hineingenommen. Wir sind Gottes Kinder. Als solche werden wir von Gott her gebildet und geformt bis in das Unbewußte, bis in das Blut und Temperament hinein. Wir werden neue Menschen. Wiedergeborene haben Anteil an den ewigen, himmlischen Gütern des Vaters, an seiner grenzenlosen Liebe, doch auch an seiner unerschöpflichen Gewalt. Wir können immer wieder kindlich rufen: »Abba, lieber Vater!« Er wird uns gern und reichlich geben, was wir brauchen. In besonderer Weise schenkt er uns den Glauben. Er mag so klein sein wie ein Senfkorn, nach Jesu Wort kann er Berge versetzen. »Unser Glaube ist der Sieg, der die Welt überwunden hat.« Weil er von Gott kommt, wird er von der Kraft des ewigen Guten so mächtig erfüllt, daß die auflösenden und zerstörenden Gewalten weichen müssen und besiegt sind. Glaubende nehmen an dem Sieg Jesu teil. Sein Sieg ist unser Sieg. Mit Johann Christoph Blumhardt rufen wir: »Jesus ist Sieger.« Laßt uns angesichts dieser Tatsache dankbar bleiben. Es ist unser Dienst, Gottes Lob zu verkünden.

Wir stehen als Gottgeborene ganz gewiß noch in dieser Welt, in diesem Äon. Wollen wir dieses Weltenzeitalter einfach hinnehmen? Ist es unabänderliches Schicksal, daß die Welt »im argen« liegt? Jesus Christus spricht ein neues Wort. Er hat diesen Weltenzeitlauf überwunden, besiegt, unter die

Füße getan. Mit ihm beginnt ein neues Zeitalter der Liebe, der Gerechigkeit, des Friedens. In ihm wird der Glaube stark gemacht, der es kindlich fassen kann: Heute ist auch für uns die Heilszeit hereingebrochen.

Du bist nicht mehr abhängig von diesem Zeitlauf, für dich gilt nur Gott und sein Wille. In Treue zu Jesus darfst du festhalten an der Gewißheit, daß das kommende Zeitalter sich schon jetzt mitten unter uns durchsetzt. Die Zukunft Jesu hat begonnen. Darum tritt heraus aus deinem Fatalismus. Fange an, in den Geschehnissen des Alltags im Glauben den Sieg zu rühmen, den Jesus schenkt. Warum bist du so müde, so resigniert? Warum bist du so gleichgültig? Bist du nicht zum Siegen berufen? Glaube an Jesus Christus! Dann bist du von neuem geboren.

Römer 6,6

Wir wissen, daß unser alter Mensch samt ihm gekreuzigt ist, damit der Leib der Sünde aufhöre, daß wir hinfort der Sünde nicht dienen.

Vom Verstand her gesehen, ist es ein Geheimnis, was uns in diesem Wort durch Paulus gesagt wird. Nur durch den Heiligen Geist sind wir imstande, es zu verstehen. Gute und kluge Gedanken können uns nicht helfen, es geht um ein Sein. Wir stellen fest, daß uns ein neues Leben gegeben wird, wenn wir uns zu Jesus halten. Weil er auferstanden ist und lebt, entsteht eine Beziehung zwischen ihm und uns. Wir haben Gemeinschaft mit ihm, er ist unser Freund und Bruder. Er spricht uns die Sündenvergebung zu, und es beginnt ein rechtes Glaubensleben.

Wir verkehren mit dem Herrn, der gekreuzigt worden ist. Jesu Kreuzigung war das Gericht Gottes über die Welt. Weil Jesus gekreuzigt ist, werden wir auch gekreuzigt. Nicht so, daß wir sterben, wie er am Marterholz starb. Der Vollzug des Gerichtes an uns geschieht an unserm alten Menschen, an unserm Ich. Der alte Mensch gilt nichts mehr, er ist nichts wert. Es ist nötig, daß wir das radikal zugeben. Wer noch am alten Menschen hängt, wer stolz ist auf seine Geschichte, auf sein Wesen, auf das, was er kann und ist, der wird Jesus nie verstehen, der braucht ihn auch nicht.

Aber sind wir hier nicht alle Angeschlagene, am Ich Leidende? Sind wir nicht Menschen, die sagen: »So geht es nicht mehr weiter!«? Sind wir nicht müde geworden am alten Wesen? Wenn es so um uns steht, sind wir froh, daß wir die Botschaft hören: Jesus ist für mich gekreuzigt worden, und ich werde mit ihm gekreuzigt. Mein Ich wird getötet. Wenn wir uns auf diesen Boden stellen, hat das eine Folge: »Der Leib der Sünde hört auf.« Wir dienen der Sünde nicht mehr. Nun sind wir frei für das Gute. Unsere Augen können es erkennen. Sie sehen auch das Gute im Nächsten. Der Haß hört auf. Wir brauchen uns nicht mehr zu sorgen, denn wir wissen uns in des Vaters Hand. Auch zu ärgern brauchen wir uns nicht, weil wir erfahren, daß Gott alles ordnet. Wir müssen nicht mehr eifersüchtig sein, nicht mehr lügen. Es ist alles neu geworden. Das ist das Kühne, das hier gesagt wird: Wer gestorben ist, der ist gerechtfertigt. Wenn das alte Ich gekreuzigt ist, wenn die Sünde keine Macht mehr hat, kann Gott uns annehmen.

Die Vergebung der Sünden führt dazu, daß wir täglich von neuem frei werden. Immer wieder können wir uns auf diesen Glaubensboden und auf diese Glaubensgewißheit stellen: Der alte Mensch ist gekreuzigt. Es ist geschehen! Unsere Not aber ist die, daß wir wohl die Vergebung der Sünden kennen, aber doch versuchen, mit unseren Mitteln gegen das Böse zu kämpfen. Da scheitern alle. Es gilt, im Glauben festzuhalten: Weil wir mit Jesus gekreuzigt sind, weil die Verbindung mit Jesus, dem Gekreuzigten und Auferstandenen, geschaffen ist, darum wird unser alter Mensch mit hineingenommen in die große Tatsache »mit Jesus gekreuzigt«. Das Ich hat keine Macht mehr.

Wenn wir mit Christus gestorben sind, glauben wir auch, daß wir mit ihm leben werden. Und zwar leben – wie Paulus dann weiter ausführt – als Auferstandene. Wir nehmen teil an der Auferstehung Jesu. Hier auf Erden beginnt schon das neue Leben. Weil wir einmal auferstehen werden, gibt er uns das Leben der Auferstehung schon jetzt im Verborgenen, das dann am Tage Christi offenbar wird. Wer das glaubt, der hat den Auferstehungstag nicht erst in ferner Zukunft, sondern der Auferstehungstag ist schon in dem Augenblick eingetreten, in dem man diese Botschaft von der Vergebung der Sünden und von der Erneuerung des Menschen für sich in Anspruch nimmt. Wir sind dann Auferstehungsmenschen! Der Tod hat keine Macht mehr über uns, wir sind im ewigen Leben. Das ist biblische Botschaft.

Auf dieser Grundlage des Glaubens kann ich sagen: Wenn

du es nicht gleich erreichst, den alten Menschen preiszugeben, wenn du noch sündigst, wenn du noch schwach wirst, du kommst trotzdem in Ordnung. Heute hast du gelogen, morgen kannst du am frühen Morgen sagen: Der alte Mensch ist getötet! Alle Sünde ist vergeben. Nehmt diese gute Nachricht an, dann seid ihr erlöst und braucht keine beladenen Menschen zu sein, die unter der Sünde furchtbar leiden müssen. Ihr seid Befreite! Es geht durch manche Härte hindurch, das schadet aber nichts. Ihr habt die Klarheit: Der alte Mensch ist getötet, da muß es gut werden. Gott helfe uns dazu.

Lukas 12,32-34

Fürchte dich nicht, du kleine Herde! Denn es ist eures Vaters Wohlgefallen, euch das Reich zu geben. Verkauft, was ihr habt, und gebt Almosen. Macht euch Beutel, die nicht veralten, einen Schatz, der nimmer abnimmt, im Himmel, wo kein Dieb zukommt und den keine Motten fressen. Denn wo euer Schatz ist, da wird auch euer Herz sein.

Matthäus 6,33

Trachtet am ersten nach dem Reich Gottes und nach seiner Gerechtigkeit, so wird euch solches alles zufallen.

Das äußere Glück ist für viele Menschen das erstrebenswerte Lebensziel. Auch in die Christenheit ist diese Gesinnung eingedrungen. Ständig wird nach irdischen Gesichtspunkten entschieden. Das sichtbare Leben beeinflußt uns mehr, als wir alle denken. Darum haben wir so viele Sorgen.

In dieser Lage hören wir das Wort Jesu: Laßt das Irdische nicht im Mittelpunkt stehen. Damit verkündet er die Freiheit des Menschen in paradiesischer Weise: Wir brauchen vom Wirtschaftlichen nicht mehr abhängig zu sein. Der Mensch wird wieder Mensch. Aus dem Jagen nach äußeren Dingen werden wir herausgenommen und dürfen nach den höchsten Gütern streben. Die Gottesherrschaft ist die Hauptsache. Das bedeutet: Gott regiert. Er kommt zu seinem Recht! Er siegt! Er hat gewaltige Pläne, große Ziele! Und wir dürfen nach seinem »Reich trachten«. Das ist die große Umkehr. Jeder von uns, der zu stark wirtschaftlich denkt, höre es mitten in dieser Zeit als einen Ruf der Güte Gottes: Die Umwertung aller Werte hat begonnen. Gottes Herrschaft steht an erster Stelle. Gewiß tun wir unsere Pflicht im Leben. Weil wir frei sind von Sorgen, können wir freudig arbeiten und den Alltag meistern. Mit allen Gaben, die uns Gott gegeben hat, erfüllen wir unsere Aufgaben im Beruf, in der Familie, in der Gemeinde. Die innere Sorglosigkeit macht uns geschickt zu jedem Dienst, der von uns gefordert wird.

Zur Sorglosigkeit tritt die Furchtlosigkeit. Wir sind eine »kleine Herde«, aber wir sind berufen, im Reiche Gottes zu leben. In der Psychologie spielt es eine große Rolle, das rechte Leitbild zu haben, nicht nur den rechten Beruf. Der Mensch muß wissen, wozu er da ist und wohin sein Weg geht. Den Christen ist das rechte Leitbild gegeben: die Herrschaft Gottes, in der wir alle einmal stehen. Wenn wir solch großes Ziel vor Augen haben, wird unser ganzes Leben neu geordnet. Viele körperliche und seelische Nöte hören auf. Dann wird auch dem einsamen Menschen sein Alleinsein keine solche Last mehr bedeuten. Unser Christenleben ist zu sehr auf die Gegenwart eingestellt. In dem Augenblick, in dem wir hören, ob jung oder alt: Gottes Reich ist das Ziel, dahin komme ich, haben wir einen festen Standpunkt im Leben. Der Alltag mit seinen Anforderungen wird bewältigt, aber er hält uns nicht gefangen.

Als Jesus seinen Jüngern sagte: Euch gehört einmal das Reich Gottes, waren sie sicher aufs letzte getroffen. Sie hörten es als eine gewaltige Botschaft. Der moderne Christ aber fragt: Was soll das? Wo ist das Reich Gottes? Ist es sinnvoll, danach zu trachten, wo wir in der Welt Krieg und Ungerechtigkeit, Elend und Hunger vor Augen haben?

Es heißt für uns, mit den Jüngern den kühnen Sprung zu wagen, die Erfahrungen der Weltgeschichte hinter uns zu lassen und Jesu Wort ganz neu zu hören, als wäre es das erste Mal zu uns gesprochen. Die biblische Wahrheit will ganz ernst genommen werden. So dürfen wir mit Paulus sprechen: »Ich vergesse, was dahinten ist!« Das ist ein Wagnis, und doch möchte ich dazu Mut machen. Die Sorglosen und die Furchtlosen sind die Träger der Zukunft Christi.

Wer aber nach dem Reich Gottes trachtet, der wird auch erfahren, daß uns alles Irdische gegeben wird, daß es »uns zufällt«. Wir haben, was wir brauchen, oft mehr als andere, die sich im Irdischen und Wirtschaftlichen verlieren. Wir haben viel, aber wir können auch viel geben. Wir werden ganz großzügig. Dieses Leben ist lebenswert. Gott helfe uns dazu.

Jesaja 62,12

Man wird sie nennen »Heiliges Volk«, Erlöste des Herrn.

Offenbarung des Johannes 1,6

Jesus Christus hat uns zu Königen und Priestern gemacht vor Gott, seinem Vater.

In der Christenheit haben wir die Gewohnheit, oft davon zu reden, daß wir arme Sünder sind und viel versagen. Wir lieben das Wort: Wir sind allzumal Sünder. Dieses Bewußtsein des Sündigseins, das eine theologische Grundlage hat, lebt bei uns oft in einseitiger Weise. Das hilft uns aber nicht weiter. Gott redet anders mit uns. Darum wollen wir die große Linie des Neuen Testamentes erkennen, die uns Auskunft gibt.

Gott weiß, wie wir sind. Wir stehen als die Armen vor ihm. Aber jetzt kommt das Große: Uns armen Menschen gibt er das Heil. Das bedeutet: Wir sind Gotteskinder. Wir sind das Volk, das aus dieser Welt herausgenommen ist, wir sind das heilige Volk. Als Jesaja das in seiner Weise sagte, war es eine prophetische Botschaft, eine Verheißung. Sie ist durch Jesus Christus eingelöst worden. Deshalb heißt es in der Offenbarung des Johannes: Jesus Christus hat uns zu Königen und Priestern gemacht vor Gott, seinem Vater. Das also sind wir: Arme Menschen und doch hochgeschätzt in einer Weise, wie es sich keiner träumen lassen kann.

Aus diesem Menschen, der von dem Fall Adams herkommt und in Eigensucht und Eigenwesen, in der Ichbehauptung und der ganzen Verkehrtheit des Lebens steht, der niemals das tut, was Gott will, macht Gott einen neuen Menschen. Durch Jesus Christus geschieht das. Dazu sind wir berufen!

Nicht wir denken uns das aus, sondern Gott spricht es. Erlösend ist das! Er sagt es als ein Wort der Verheißung, er sagt aber zugleich: Ich setze es durch, ich mache es. Wer dieses Wort mit Freuden aufnehmen kann und wer auch weiß, daß durch Jesus alle Schuld erlassen ist, der kann hören: Wir als Gotteskinder sind Könige und Priester.

Was bedeutet es, König zu sein? Das wird uns deutlich aus dem Wort des Paulus, das ein Bekenntnis ist: »Ich vermag alles durch den, der mich mächtig macht, Christus.« Ich kann arm sein, ich kann reich sein, ich kann niedrig sein, ich kann hoch sein, ich bin nicht abhängig von diesen Dingen. Das, meine ich, ist das Königtum, von dem hier die Rede ist.

Habe ich viel, freue ich mich, habe ich wenig, bin ich auch zufrieden. Ich bin nicht abhängig von den Zeitläufen, ich bin nur abhängig von Gott. Auch Schmerzen und Leid kann ich ertragen. Wenn Trübsal kommt, bin ich ruhig, bin ich geborgen in Gott, habe ich wunderbare Kräfte, die er mir gibt.

Wie viele leiden darunter, daß sie schwach und am Nullpunkt angekommen sind, und weinen in ihrem Kummer. Ich sage ihnen dann: »Freue dich, daß du am Ende bist. Nun kann Gott wirken, weil du leer bist.« Laßt uns »Könige« werden, die in jeder Lage zurechtkommen. Gott wirkt in uns. Wer von ihm abhängig ist, hat die größte Freiheit. Vielen erscheint es noch als ein Zwang, nur von Gott abhängig zu sein. Sie empfinden diese Abhängigkeit als eine Last. Ich sage aus Erfahrung: Es gibt nichts Schöneres als das. Da werden wir wieder zu rechten Menschen.

Wir sind auch Priester. Der priesterliche Dienst gilt den anderen. Wir dürfen für andre leben. Der Hohepriester Jesus Christus, der uns hier vor Augen gestellt wird, hat in vollem Maße priesterlich gelebt. Er leidet mit den Menschen und nimmt ihre Schuld und Not auf sich. Er trägt.

Darum, ihr Lieben, sind wir aufgerufen, den Nächsten zu tragen. »Einer trage des andern Last, so werdet ihr das Gesetz Christi erfüllen.« Durch Jesus Christus ist uns das möglich. Wir sehen den Mitmenschen in seiner Not und stehen ihm nicht nur zur Seite durch eine gelegentliche Tat, sondern bleiben mit ihm in Liebe verbunden. Wir stellen keine Forderungen an ihn, wir erwarten keine Dankbarkeit und Anerkennung. Ohne Bedingungen tragen wir ihn in seiner Verkehrtheit, in seiner Schuld. Der Mensch kann nicht so sein, wie wir ihn uns denken. Es heißt, ihn so zu sehen, wie er ist, nicht über ihn zu richten, sondern ihn in seiner Art zu nehmen und ihn zu lieben. Wenn wir so handeln, handeln wir priesterlich.

Das bedeutet zugleich, daß wir die Last, die Schwierigkeiten und Eigenheiten des Mitmenschen auf uns nehmen. Wir können sie zu Jesus bringen. Das führt zu einem ganz neuen Zusammenleben. Dann beginnt das Große, daß sich jeder unter den anderen stellt. Durch dieses priesterliche Tragen dürfen wir für den Nächsten alles glauben, alles hoffen, alles dulden. Das merkt der Mensch neben mir, daß ich ihn nicht nur priesterlich trage, sondern auch priesterlich für ihn glaube. Das tut wohl. Gott ruft uns dazu.

Jesaja 11,2

Auf ihm wird ruhen der Geist des Herrn, der Geist der Weisheit und des Verstandes, der Geist des Rates und der Stärke, der Geist der Erkenntnis und der Furcht des Herrn.

1. Korinther 6,17

Wer aber dem Herrn anhanget, der ist ein Geist mit ihm.

Wir glauben an Jesus. Wir bekennen, daß er unser Herr ist. Was das aber bedeutet, darüber sind wir uns nicht im klaren. Heute wird uns nun gesagt: Wer an Jesus Christus glaubt, ist mit ihm verbunden. Er lebt in ihm, der Weisheit, Rat, Stärke, Erkenntnis und Gottesfurcht in vollendetem Sinne hatte. In Jesus war der Geist Gottes. Wer ihm »anhanget«, wer abhängig ist von ihm, wer bei ihm bleibt, bekommt seinen Geist.
Die ganze Schrift sagt es aus: Wer sich zu Jesus hält, bekommt auch alles, was er hat. Das Christsein wäre ja sonst entsetzlich. Vor lauter Sündenerkenntnis und Sündennot bliebe das Leben trostlos. Ich bin nicht Christ geworden, damit ich immer Sünder bleibe. Als ich mich mit sechzehn Jahren dazu entschloß, wollte ich keinen Trost, sondern eine Hilfe für das Menschsein.
Enttäuscht wurde ich, weil mir in jungen Jahren oft gesagt wurde: »Diese und jene Sünde kannst du nie überwinden. Das ist Schwärmerei, wenn du das denkst.« Bedeutet denn Christsein: Wir bleiben in der Schuld? Wir bleiben in der Sünde, wir müssen das Böse tun? Wie können dann Trinker gerettet, wie Schwermütige frei werden? Wie sollen Menschen, die von Zwangsgedanken geplagt sind, erlöst werden? Wir können nur Gott klagen, daß wir nicht immer die klare

biblische Linie und damit das wahre Bild Jesu in der Verkündigung vor uns gehabt haben. Wer an Jesus glaubt, bekommt seine Art, der ist »ein Geist« mit ihm. Herrlicher konnte es Paulus gar nicht sagen. Im Epheserbrief drückt er es so aus: »Denn wir sind Glieder seines Leibes, von seinem Fleisch und von seinem Gebein.« Das dürfen wir an uns erfahren.

Zweierlei ist zu beachten. Das erste ist, daß wir ein enges Verhältnis zu Jesus suchen müssen. Wir können nicht nur gelegentlich ein bißchen glauben, so aus der Entfernung bekennen: Ich glaube auch an Jesus. Es geht darum, daß wir eine ständige Verbindung mit ihm haben. »Ja«, sagst du, »die reißt aber doch ab durch die Sünde.« Was ist da zu tun? Was lehren alle rechten Seelsorger? Wer von der Sünde geplagt wird und versagt hat, der komme sofort zu Jesus zurück. Er vergibt mir meine Schuld, und ich gehöre wieder zu ihm. Ich begreife es nicht, daß Christen monatelang, ja jahrelang mit einer Sünde herumgehen, die sie nicht in Jesu Liebe hineinlegen. Wenn er uns geboten hat, dem Nächsten siebzig mal siebenmal zu vergeben, wird er uns doch die Vergebung nicht verweigern. Wo keine Vergebung ist, bleibt die Sünde, und Gott kann nicht mit uns sein. Er kann uns nur annehmen, wenn wir die Sünde loslassen und ihm abgeben. Wir dürfen und sollen immer zu ihm kommen. Das kann man in der Kirche tun, und das ist auch auf der Arbeitsstelle möglich. Er vergibt – so lehrt es Luther – täglich und reichlich.

Dann wollen wir das zweite beachten: Wer mit Jesus verbunden ist und mit ihm eins sein will, wird gereinigt. Die Macht Jesu reicht aus, uns von jeder Sünde zu befreien und uns zu erneuern. Wir werden dann nicht mehr die Geplagten sein, die ständig versagen. Es ist aber notwendig, daß wir täglich zu ihm kommen und uns vor ihm demütigen. Diese Demütigung ist wichtig. Luther hat große Sorge gehabt, daß viele Menschen zwar schnell von der Sünde loskommen wollen, daß sie sich aber nicht demütigen lassen wollen. Das ist ungesund. Laßt uns kleiner werden. Dann erst kann der Leib ein Tempel Gottes werden. In diesem Tempel ist Gottes Geist mit seinen Gütern und Gaben lebendig. Da bekommen wir Weisheit und rechten Verstand. Wir können dann Entscheidungen nach seiner Weise fällen und sind stark in ihm. Wir bleiben in der Ehrfurcht vor dem Ewigen, und wir bekommen Jesu Art.

Lohnt es sich nicht, immer wieder zu ihm zurückzukehren? Lohnt es sich nicht, ihm zu vertrauen, weil er uns alles gibt, was ihm zu eigen ist? Ich darf das jeden Tag erleben, und ich bin dankbar dafür.

2. Mose 20,2.3

Ich bin der Herr, dein Gott, du sollst keine anderen Götter haben neben mir.

1. Korinther 10,20

Nun will ich nicht, daß ihr in der Teufel Gemeinschaft sein sollt.

Zur Zeit des Paulus gab es viele Christen, die noch vor kurzer Zeit Heiden gewesen waren. Sie hatten in ihrem heidnischen Zustand den Göttern, den Götzen geopfert. Paulus ermahnt sie, von solchem Götzendienst zu lassen, denn er führe »in die Gemeinschaft des Teufels«. Das war die damalige Lage.

Heute haben wir mit dieser Art des Heidentums nichts mehr zu tun. Und doch sind bei uns verborgene Reste echten Heidentums zu finden. »Christen« gehen den Weg zur Kartenschlägerin, sie lassen sich »besprechen«. Das »6. und 7. Buch Mose« liegt in manchen Häusern, und es wird nach diesem Zauberbuch gehandelt. Im Aberglauben, im Okkultismus hat der Feind noch eine Macht. Es gibt Menschen, die sagen: »Was schadet mir das? Es hat mir geholfen.« Doch die Sache ist sehr ernst. Wir geraten in einen Bann. Halbheiten gibt es nicht. Wer der Liebe Gottes vertraut, kann sich nicht in den Kreis dunkler Gewalten begeben.

Darum ist es wichtig, daß wir uns ganz auf die Seite Jesu stellen und von ihm alles erwarten. Wer glaubt, daß Jesus mächtiger ist als alle Dämonen und Mächte, der geht nicht zu Kartenlegern und Wahrsagern. Er scheidet scharf. Das Wort Gottes hilft ihm dazu.

Es darf keine Vermischung zwischen Glauben und Aberglauben geschehen.

Wer Jesus im Glauben ernst nimmt, der erwählt das gute Teil. Er wird vom Reich der Finsternis in das Reich des Lichtes versetzt. Von den Banden des Bösen wird er erlöst, und von Sündenlast und Sündenketten wird er frei. Es braucht im Lichte Jesu keiner unglücklich zu sein und zu sagen: »Weil ich abergläubisch gewesen bin und okkulte Belastung mit mir herumschleppe, weil ich falsche Wege beschritten habe, bin ich für immer erledigt.«

Jesus hat die Macht, alle Ketten zu brechen. Eine Aussprache bei einem Seelsorger führt zur Freiheit. An das Menschenkind, das bereut und zu Jesus kommen will, können alle Mächte der Finsternis nicht heran. Wir können sagen: »Der Satan ist besiegt, du bist ein Gotteskind. Deine Sünde ist dir erlassen.« Wenn wir uns noch bedrängt fühlen, können wir den Namen Jesu anrufen und uns geborgen fühlen. Jesu Sieg ist unser Sieg.

So kann auch in unseren Gemeinden ein Neues aufbrechen. Viele hängen an okkulten Dingen. Sie meinen, eine Hilfe zu verlieren, wenn sie von ihnen lassen. Als ich einmal in einem Rhöndorf eine Evangelisation hielt, sprach ich auch an einem Abend über den Aberglauben und über die Mächte und Dunkelheiten, die damit zusammenhängen. Das schlug bei der Frauenhilfe ein. Die Frauen kamen geschlossen zu mir und bekannten: »Wir haben alle unser Vieh besprechen lassen.« Ich konnte antworten: »Wollt ihr frei werden von dieser Sünde? Ihr dürft es.« Durch den Zuspruch im Namen Jesu wurden sie gelöst. Sie erklärten sich bereit, recht zu glauben und recht zu beten. Sie wußten nun, daß das schlichte Gebet des Glaubens in jedem Fall genügt. Durch diese Lösung vom Aberglauben im Kreise der Frauenhilfe wurde ein Bann in der Gemeinde sichtbar gebrochen. Viele Menschen des Dorfes kamen zur Evangelisation. Die Ohren waren geöffnet.

Aberglaube in den Gemeinden kann sich auch in leichteren Fällen zeigen. Gemeindeglieder werden von Angst geplagt, mit »toi, toi, toi« suchen sie sich gegen Unheil zu schützen.

Dann spielen Hufeisen, Katze und Käuzchen eine Rolle. Auch die Zahl Dreizehn erregt Bedenken. Laßt euch von diesen Verkehrtheiten völlig frei machen. Wenn Zahlen, Gegenstände, Tiere dich beunruhigen, darfst du wissen, daß sie dir nichts anhaben können. Selbst dein Hotelzimmer mit der Zahl Dreizehn hat nicht die mindeste Wirkung! Du stehst immer in Gottes Hand. Du hast Gemeinschaft mit Jesus. Es gilt, nicht nur an ihn zu glauben, sondern mit ihm verbunden zu sein. Ein ständiger fröhlicher Austausch findet statt. Wir geben ihm unser verkehrtes Wesen, unsere Angst, auch unsere Krankheit, unsere Nöte, er schenkt uns seine guten Gaben. Als der treue Herr wird er mächtig in uns. Gott sei Dank.

Psalm 6,3

Herr, sei mir gnädig, denn ich bin schwach.

2. Korinther 12,9b

Meine Kraft ist in den Schwachen mächtig.

Wieviel Schwachheit gibt es! Sie kann im Alter besonders deutlich werden, aber sie ist auch schon in jungen Jahren vorhanden. In der blühendsten Jugend erfahren viele Müdigkeit, Versagen, Nichtkönnen, Zurückgesetztsein. Von den ungelösten Fragen des Daseins kann der Mensch im besten Lebensalter so belastet sein, daß er seine Schwachheit nur zu deutlich spürt. Sie ist in dieser Welt eine Tatsache.
Die Schwachheit hat aber noch eine besondere Unterstreichung gefunden: Wir sind sittlich schwache Menschen, wir sind nicht stark genug, um das Gute zu tun. Zwar strengen wir uns an und wollen aus eigener Kraft viel leisten, doch es gelingt nicht. Aus den Schuldgefühlen, die unser Versagen auslöst, kommen wir nicht heraus. Wir scheitern an der Spannung und sehen keinen Ausweg.
Nun wird uns aber von der Bibel her eine neue Linie aufgezeigt, die wir mit Freuden aufgreifen dürfen: Wir können schwach sein, wir brauchen uns der Schwachheit nicht zu schämen. Sie wird als eine Wirklichkeit hingestellt, die aus dieser Welt nicht wegzudenken ist. Wir möchten sie verdecken, aber die Bibel sagt ganz klar: Wir sind schwach. Ist das nicht schon befreiend?
Wohin kann uns unsere Schwachheit führen? Zum Gebet! Wir merken, daß wir von einem Starken abhängig sind. Ihm wenden wir uns zu: »Herr, sei mir gnädig, denn ich bin schwach.« Der starke Mensch meint, keinen Gott zu brauchen,

der schwache findet zu ihm. Er darf ihm seine Schwachheit hinlegen.
Es bleibt nicht bei dieser »Ersten Hilfe«. Seit wir von Jesus wissen, dürfen wir die frohe Botschaft verkündigen, die Paulus an uns weitergab: »Meine Kraft ist in den Schwachen mächtig.« Wir beten nicht nur und bitten um Gnade, sondern eine umwälzende Tatsache vollzieht sich: Die Kraft Gottes teilt sich uns mit.
Die Schwachheit bedeutet keine Last mehr. Es wird sichtbar, daß Gott an uns handelt. Wir erleben, daß seine Stärke durch Jesus Christus in uns wirksam wird. Schwache Menschen erkennen diese Kraft und nehmen sie in Anspruch.
Es wird heutzutage viel von den schwachen Nerven geredet. Im Grunde will man nur den Tatbestand nicht wahrhaben, daß man in seinem Menschsein schwach ist. Man will das Versagen auf die schwachen Nerven schieben, die wir »von Kind an« haben. Nach dem Wort des Paulus ist die Schwachheit aber kein Hindernis für den, der Christ ist. Es ist eine besondere Fügung, daß Paulus selbst den »Pfahl im Fleisch« hatte. Der Apostel kannte das Versagen. Auf seine Verantwortung hin können wir dem, der unter der Schwachheit leidet, sagen: »Schäme dich nicht, sage ja zu deiner Schwachheit, aber bete nun im Glauben, daß Gottes Kraft in dir wirksam wird.«
Wir rechnen immer wieder mit unseren versagenden Nerven. Wenn wir aber mit Gott, dem Vater, und mit seiner Liebe rechnen, wenn wir glauben, daß durch Jesus die Kräfte des Himmels zu uns kommen, sind die schwachen Nerven erlöst. Wer aus der Hand Gottes lebt, kann ruhig bleiben in den Stürmen des Lebens. Dann haben wir auch brauchbare Nerven, aber nicht aus uns, sondern weil Gott ein gutes, schöpferisches Wort gesprochen hat. Er spricht es in unser Herz hinein und gebietet ihm Ruhe, so wie Jesus auf dem See Genezareth dem Sturm gebot.
Das ist das Erstaunliche, daß geplagte, nervenschwache Menschen einen Zustrom von Kraft erfahren können. Quälende Schlaflosigkeit verschwindet, Schwierigkeiten des persönlichen

Lebens, die unüberwindbar erschienen, werden gemeistert. Solche Menschen bekommen Mut, sie werden ein Beispiel für andre. Ja, sie merken schließlich nichts mehr von ihrer Nervenschwäche, die verschlungen wird von der Kraft Gottes. »Meine Kraft ist in den Schwachen mächtig« ist also kein frömmelndes Wörtchen mit einem bißchen Trost, sondern es ist ein machtvolles Wort, das ein Geschehen einschließt. Alles kommt nur darauf an, daß wir dieses Wort aufnehmen.

Oft liegen die Zusammenhänge in der Tiefe verborgen: Durch unvergebene Schuld ist die Seele in Unruhe, werden die Nerven belastet. In dieser Lage kommt die Zusicherung an uns: Alle Schuld ist erlassen. Die ganze Vergangenheit ist durch Jesus weggenommen. Wir stehen rein und neu vor Gott. Das ist Hilfe! Jetzt dürfen wir alle bekennen: Wir sind schwach, aber Gottes Kraft ist in uns mächtig.

Psalm 9,13

Der Herr vergißt nicht das Schreien der Armen.

Kolosser 4,2

Haltet an am Gebet!

Das Große im Gebetsleben ist, daß wir nicht in eine unbekannte Welt unser Herz ausschütten müssen. Wir halten auch nicht mit uns selber Zwiesprache, sondern wir dürfen mit dem himmlischen Vater reden. Es ist eine personale Beziehung zwischen ihm und uns. Der Herr vergißt uns nicht, wenn wir schreien, er erhört uns! Das ist eine große Verheißung, die wir jeden Tag ernst nehmen können. Doch wie viele beten verkehrt. Sie weinen, sie zagen und flehen, aber es ist nicht ein Flehen zum Vater, sondern zu sich selbst. Letztlich ist es ein psychisches Erlebnis. Das merken sie aber nicht. Der echte Beter weiß: Ich habe ein Gegenüber, und zu diesem Gegenüber kann ich in vertrauensvoller Weise sprechen. Ein Geheimnis ist das. Solches Gebet sollen wir pflegen. »Haltet an am Gebet!« Ihr könnt es durch Jesus Christus.
Wenn wir nun zum Vater beten, gilt das Wort: »Bittet, so wird euch gegeben.« Unser Gebet ist nicht das Flehen eines Knechtes, der erleben muß, daß ihn sein Herr nicht beachtet, sondern es ist das Bitten eines Kindes, das dem Vater vertrauen darf. Wie der irdische Vater seinem Kinde alles gibt, was es braucht, so wird uns auch von Gott alles dargereicht, was wir Menschen nötig haben. Das Gebet wird erhört. Laßt uns ernst nehmen, was Jesus selbst sagt: »Was ihr bittet in meinem Namen, das will ich tun, auf daß der Vater verherrlicht wird in dem Sohn.« Was wir im Namen Jesu erbitten, wird erfüllt, weil dadurch die Taten Gottes offenbar werden.

Es wird deutlich, welche Macht Gott hat. Wenn wir fragen: »Ob wir wohl erhört werden?«, so ist das eine falsche Einstellung zum Gebet. Von der Sicht des göttlichen Geistes her können wir sagen: »Er will auf uns eingehen, denn er ist unser Vater. Er will uns beschenken, weil er gute und vollkommene Gaben für uns bereit hat.«
Zum rechten Beten gehört es, daß alle Hindernisse weggeräumt sind. Wir können nicht recht beten, wenn wir nicht gewiß sind, daß uns Gott alle Schuld erlassen hat. Ohne Vergebung haben wir keine Gemeinschaft mit dem Vater. Habe ich irgendeinen Druck von der Vergangenheit her, kann ich nicht frei zu ihm reden. Durch die tägliche Gewißheit, daß uns vergeben ist, kommen wir in Ordnung.
Jesus hat in der Bergpredigt noch etwas Wichtiges zum Ausdruck gebracht: Vertrauensvolles Gebet ist nur möglich, wenn wir dem andern, dem Bruder, der an uns schuldig wurde, auch vergeben. Erhalte ich für meine Schuld Gottes Vergebung, gilt es auch, den zweiten Teil der fünften Bitte im Vaterunser zu verwirklichen: Wie wir vergeben unsern Schuldigern. Wer eine Schuld nicht vergeben kann, wer Haß in sich trägt, der ist nicht fähig, recht zu beten. Warum werden so wenig Gebete erhört? Weil die Vergebung der Sünden von Gott her nicht radikal angenommen und die Vergebung dem Bruder gegenüber nicht praktisch durchgeführt wird.
Dürfen wir Gott alles sagen? Dürfen wir mit den kleinen Dingen des Alltags zu ihm kommen? Dürfen wir ihm unsere Betrübnis und unsere Sorge hinlegen? Ja, das dürfen wir. Doch je mehr wir mit dem Vater verbunden sind, um so besser lernen wir es, die großen Dinge des Reiches Gottes ernst zu nehmen: Geheiligt werde Dein Name! Dein Reich komme! Dein Wille geschehe wie im Himmel, so auf Erden! Wir kommen von unseren persönlichen Nöten los, um zu dem Anliegen der Herrschaft Gottes durchzustoßen. Er will dafür sorgen, daß sein Wille geschieht und daß seine Herrschaft kommt. Da wir das wissen, können wir auch entspannt, frei und froh das tägliche Brot erbitten und alles, was wir für unsere Gesund-

heit und für unseren Leib brauchen: Nahrung, Kleidung, Wohnraum.

Wenn wir recht beten, reden wir nach Gottes Willen. Der Heilige Geist erleuchtet uns, daß wir das können. Wir brauchen ihn, den Beistand, der uns in alle Wahrheit leitet. Wenn er in uns wirkt, dürfen wir auf Erhörung unseres Gebetes hoffen. Wir können »anhalten am Gebet« mitten in der Arbeit, im Trubel des Tages.

Weil wir Freude haben am Gebet, können wir danken, können wir für andere in der Fürbitte stehen. Wir erleben es in der Gemeinschaft unseres Hauses, wie viele Gebete im Eintreten für andere täglich erhört werden. Gottes Liebe ist sehr groß.

Jesaja 30,19b

Er wird dir gnädig sein, wenn du rufst. Er wird dir antworten, sobald er's hört.

Apostelgeschichte 20,36

Paulus kniete nieder und betete mit ihnen allen.

Es war wohl einer der ergreifendsten Augenblicke in der Kirchengeschichte, als Paulus von den Ältesten von Ephesus – er hatte sie nach Milet gerufen – Abschied nahm. Noch einmal sagte er den Ephesern das gute Wort, noch einmal legte er ihnen ans Herz, was er in drei Jahren gelehrt hatte. Danach kniete er mit den Ältesten von Ephesus nieder, um zu beten. Es war das letzte Gebet, das er mit ihnen sprach.

Lukas teilt uns den Inhalt des Gebetes nicht mit. Wir kennen aber aus dem Epheserbrief ein Gebet für die Gemeinde. Dadurch wissen wir um Art, Stil und Inhalt der Gebete des Paulus. Laßt uns dieses Gebet in den Mittelpunkt unserer Betrachtung stellen. Darin heißt es: »Derhalben beuge ich meine Knie vor dem Vater, der der rechte Vater ist über alles, was da Kinder heißt im Himmel und auf Erden, daß er euch Kraft gebe nach dem Reichtum seiner Herrlichkeit, stark zu werden durch seinen Geist an dem inwendigen Menschen, daß Christus wohne durch den Glauben in euren Herzen und ihr in der Liebe eingewurzelt und gegründet werdet.«

Ein Gebet für uns, ein rechtes Gemeindegebet! Paulus weiß: Gott ist gnädig. Darum fleht er zum Vater, der alles in Händen hat, auch uns, seine Kinder. Ein Gebet, das auf Erhörung hoffen darf. »Er wird dir antworten, sobald er's hört.«

Was will Gott mit diesem Gebet seiner Gemeinde geben? Er will eine Gemeinde schaffen, die »stark ist am inwendigen

Menschen«. Also keine schwache, müde, gleichgültige Gemeinde, keine Gemeinde, die nur klagt und jammert. Es geht vielmehr darum, im Umgang mit Gott stark zu werden. Paulus hat es immer wieder gelehrt: »Seid stark in der Macht seiner Stärke.« Sind wir nicht geneigt, das Armesündertum in den Mittelpunkt zu stellen? Sollte Gottes Stärke nicht mehr offenbar werden?

Ist denn Geist Gottes ein schwacher Geist? Ist er ein müder, ein gleichgültiger Geist? Der Geist Gottes ist ganz gewiß immer stark, weil Gott allmächtig ist, weil Jesus alle Gewalt hat.

Wo Heiliger Geist ist, ist Kraft und Leben. In dieser Kraft können wir ganze Völker für das Evangelium gewinnen. Wir brauchen diese Kraft. Wir wissen aber auch: Gott wird sie geben.

Was geschieht, wenn der Geist der Stärke über uns kommt und der inwendige Mensch aufgebaut wird? Jesus Christus wird in uns lebendig. Der Geist verklärt Jesus. Der Geist verherrlicht Jesus. Jesus ist nahe bei uns.

Wer an Jesus glaubt, hat nicht nur einen Freund, der bei ihm ist. Wer den Geist der Stärke bekommt, hat einen Herrn, der in ihm wohnt. Das ist nicht eine Idee, das ist eine Tatsache, die wir im Glauben annehmen und darum auch bekennen dürfen. Paulus spricht kühn: »Nicht mehr lebe ich, sondern Christus lebt in mir.« Das dürfen wir mit ihm sagen: »Nicht ich lebe, sondern Jesus lebt in mir.«

Uns wird die Fülle gegeben. Wenn Jesus in uns ist, sind wir in seiner Liebe eingewurzelt und gegründet. Wie die Bäume in die Erde gepflanzt sind, sind wir in ihm verankert. Weil er uns liebhat, werden wir armen Menschen nun so reich und stark gemacht, daß wir ihn auch lieben können.

Aus der Liebe zu Jesus kommt uns die Gewißheit unseres Auftrages. Wir sollen für andere dasein. Aus dem schwächlichen Christen wird ein starker, aus dem fernen Jesus Christus wird ein naher, der in uns wohnt. Aus der Gleichgültigkeit ihm gegenüber wird eine brennende Liebe zu ihm.

Habt ihr schon gebetet, daß der Geist zu euch kommt und ihr Kraft erhaltet? Habt ihr schon gebetet, daß ihr am inwendigen Menschen wachst und in der Macht Gottes unendlich viel tun dürft? Habt ihr darum gebetet, daß Jesus in euch wohne und daß ihr schwachen Menschen dann viel geben dürft?
Eine große geschichtliche Stunde war es, als die Epheser in Milet mit Paulus beteten. Eine große Stunde war es, als Paulus im Epheserbrief ein Gebet niederschrieb. Aber es sei auch für uns eine wichtige Stunde, wenn wir mit Paulus neu beten lernen um die Kraft Gottes. Unser Gebet wird erhört! Ich möchte euch allen großen Mut machen.

Gebet:

Wir danken Dir, Herr, daß Dein Knecht Paulus ein rechter Beter war. Gib, daß wir auch alle recht beten, Herr Jesus, und zu Deinem und unserem Vater volles Vertrauen haben. Wir bitten mit Paulus: Mache durch den Geist Deine Kraft in unseren Herzen lebendig, daß wir stark werden am inwendigen Menschen. Erwecke die Liebe in uns zu Dir und zu unseren Mitmenschen. Gib ein Neues! Wir bitten Dich nicht nur für uns, sondern für alle Gemeinden. Wir danken Dir, daß wir Dich bitten dürfen. Amen.

Psalm 36,6

Herr, deine Güte reicht, so weit der Himmel ist, und deine Wahrheit, so weit die Wolken gehen.

Philipper 4,20

Gott aber, unserm Vater, sei Ehre von Ewigkeit zu Ewigkeit.

Die Güte Gottes wird uns heute in ihrer ganzen Weite und Unendlichkeit beschrieben und dargestellt. Sie ist viel größer, als wir alle es uns vorstellen können. Diese Güte Gottes reicht, soweit der Himmel ist, also unfaßbar weit. Wir können sie gar nicht mit unseren Augen übersehen und mit unseren Händen fassen. Wenn seine Güte nun so groß ist, dann wirkt und handelt sie auch an uns. Es ist wichtig, daß wir ja sagen zu dieser Güte.

Dann kommen aber die Zweifel. Wir sehen auf unsere Erfahrungen, wir blicken auf unsere Vergangenheit und auf unser Lebensschicksal. Ist da immer Güte Gottes gewesen? Wir kennen die Härte des Daseins, wir denken an die Ungerechtigkeiten, die wir erlebt haben. Wir erinnern uns daran, wie wir von Menschen falsch behandelt worden sind und schlimme Worte von ihnen gehört haben. War das Güte Gottes? Und wir denken nicht nur an unser eigenes Leben. Wir sehen das Leben vieler Menschen, und wir sehen das Leben der Völker. So viel Not, so viel Krieg, so viel Elend! Wo können wir da Güte Gottes erkennen? Das ist doch die Frage, die sich aufdrängt und unseren Glauben und unser kindliches Vertrauen stört.

Zweierlei ist in uns: der gute Wille zum Annehmen des Wortes und der immer wieder aufsteigende Zweifel. So schwanken wir hin und her. Eine Wellenbewegung auf und ab! Und das geht jeden Tag so, das beeinflußt unser Gebetsleben, das erschüttert unser geistliches Sein.

Was sollen wir aber mit dem Zweifel machen? So fragen wir. Wir dürfen, seitdem Jesus Christus gekommen ist, etwas ganz Kühnes tun: Wir dürfen um Weisheit bitten. Wer Christ ist und als Gotteskind lebt, der darf, wenn solche Zweifel kommen, sich in die Arme Gottes werfen. Demütig, nicht auf die eigene Gerechtigkeit pochend, darf ich bitten: Gib mir Klarheit. Erkläre Du mein Leben und die dunklen Wege, die ich erleide, erkläre, was ich in der Vergangenheit nicht verstehe, erkläre die Ungerechtigkeit, die ich erfahren habe.

Wenn wir um Weisheit und um Klarheit bitten, dann bekommen wir sie. Gott will uns nicht zu Knechten machen, die glauben, ohne daß sie etwas verstehen. Er will uns zu Freunden haben, die seine Weisheit erkennen und die Herrlichkeit seiner Güte erfahren. Jesus sagt es: Ihr seid meine Freunde und nicht meine Knechte. Wir, die wir so gar nichts wissen und so wenig vom Wesen Gottes verstehen, wir Unweisen werden weise gemacht.

Da blicken wir hinein in das Geheimnis der Schuld. Wir sehen, wie die Schwierigkeiten, unter denen wir leiden, die Nöte und Schmerzen nicht ursprünglich von Gott gewollt sind. Aus der Schuld kommt viel Elend in dieser Welt.

Wir sehen aber auch, wie Gott arbeitet, dieses ganze Elend, bis hin zu der kleinsten Ungerechtigkeit, wieder in Ordnung zu bringen. Er schafft es, daß alles zur Klarheit kommt. Du bist auch so ein Mensch, der wieder in Ordnung gebracht wird. Alle Nöte, die du erfahren hast, werden dann benutzt, daß sie dir zum Besten sind. Das Schwere und Dunkle, das du erlebt hast, muß dir nur dazu dienen, daß du näher zu Gott kommst und Gottes Werke recht offenbar werden.

Einmal werden wir zum Ziel gebracht, in die Vollendung hineingenommen. Dann werden wir ohne Sünde leben dürfen, ohne Schmerzen und ohne Leid ein Dasein von Ewigkeit zu Ewigkeit führen können. Wir werden Jesus von Angesicht zu Angesicht schauen und Gott den Vater im Lichtglanz erkennen.

Siehst du jetzt dein kleines Leben anders? Du darfst wissen, daß Gottes Güte über dir waltet. Der Name Jesus Christus bürgt dafür. Gott hat dir einen zur Seite gestellt, der ganz Mensch war und dich kennt. Dieser lebendige Herr schenkt sich uns. Wenn er sagt: Ich schaffe es mit der Gemeinde, dann steht er zu diesem Wort. Je mehr wir hineinschauen in den Willen und in die Güte Gottes, um so froher dürfen wir werden. Das Lernen hört nie auf. So wird dein Leben hier auf der Erde immer schöner, und du wirst ein froher Wanderer dem großen Ziel entgegen.

Wir bleiben nicht unmündig, sondern können, so wie Paulus es tat, die Fülle der Herrlichkeit Gottes erkennen und Jesus Christus sehen als den Mittelpunkt der Weltgeschichte. Dann können wir immer neu singen: Ehre sei dem Vater und dem Sohn und dem Heiligen Geist.

Amen.

6a 3826

Psalm 86,12

Ich danke dir, Herr mein Gott, von ganzem Herzen und ehre deinen Namen ewiglich.

1. Thessalonicher 5,18

Seid dankbar in allen Dingen, denn das ist der Wille Gottes in Christus Jesus an euch!

Wie leben wir positiv? Es ist der Wille Gottes, daß wir zu ihm, zu seinem Werk und damit auch zum Alltag, zu allem Leben ja sagen. Gott hat uns in seine Schöpfung hineingenommen. Wie herrlich war sie ursprünglich gemacht! Es war alles sehr gut. In diese gute Schöpfung wurden – so berichtet es die Bibel – die Menschen gerufen. Sie aber sagten nein zu Gott und zu seinem Werk. »Sollte Gott gesagt haben . . .?« – so fragten sie. Da war es mit ihrem rechten Leben vorbei. Die Not begann. Nun sind wir alle Neinsager. »Sollte Gott wirklich die gute Schöpfung gemacht haben? Führt er unser Leben? Bereitet er unseren Alltag? Ist nicht vieles verkehrt in unserem Dasein?« Wir werden Zweifler und Neinsager.
Dieses Neinsagen hat sich durchgesetzt und hat sich mit einer großen Bitterkeit verbunden. »Es ist ja furchtbar, was ich durchmachen muß«, empfindet man. Daran reibt man sich täglich. Wenn ich zu Gott nein sage, komme ich dazu, auch Menschen und Verhältnisse zu verneinen. Auch in unserer Zeit leben viele negativ.
Durch den heutigen Text wird uns eine neue Lebenshaltung ans Herz gelegt. Aber wer kann nun nach Gottes Willen, also positiv leben? Die Kinder Gottes, die Jesus lieben, können das. Sie können ja sagen. Eine gute Anleitung wird uns dazu gegeben: Seid dankbar in allen Dingen. Weil der Heilige Geist wirkt, gilt die Dankbarkeit in allen Lebenslagen. Da

wird uns die Kritik und das Neinsagen, das negative Leben abgenommen. Aber nur durch sein Eingreifen. Im Loben und Danken werden wir positiv gegenüber unserem Gott. Wir kritisieren sein Tun nicht mehr und machen keine Fragezeichen. Die Zweifel fallen hin. Wir ehren den Schöpfer. Er ist es, der alles recht macht. Loben und danken heißt: Du, Gott, hast mich geführt. Du hast mir die richtigen Menschen gegeben, du hast mir Aufgaben zugewiesen. Du hast mich geleitet – gewiß nicht immer nach meinen Gedanken und Vorstellungen, aber doch sehr gut. Auch in dieser sündigen Welt machst du keine Fehler.

Wenn wir diese Stellung Gott gegenüber einnehmen, ehren wir auch seine Gaben: Vergiß nicht, was er dir Gutes getan hat. Doch wir loben ihn auch, wenn er uns Schweres auferlegt. Wir preisen ihn, wenn er uns anders behandelt, als wir es gedacht haben, wenn er uns in Tiefen hineinführt. Paulus und Silas lobten Gott in der Nacht im Kerker. Das sind die großen Dinge, die ein Christ geschenkt bekommt. Er kann auch in Bedrängnis ja sagen und bekennen: Gelobt sei Gott, er legt uns eine Last auf, aber er hilft uns auch.

Wenn wir es lernen, unser Dasein positiv zu führen, nehmen wir auch Menschen, die uns in den Weg gestellt werden, als von Gott geschickt an. Du wünschst vielleicht, daß der schwierige Mitarbeiter verschwinden möchte. Ich verstehe das, aber es ist falsch. Gott hat ihn dir gegeben, daß du gerade an ihm im Glauben reifst. Warum willst du das verhindern? Das gilt für alle Lebenslagen, die dir unerträglich erscheinen, in der Familie, in der Verwandtschaft, im Beruf. Jesus war der große Jasager. Er will uns dazu führen, daß wir gehorsam werden, wie er es war. Weil Jesus positiv lebte, erkannte er den Nächsten an. Er konnte im Blick auf seine Feinde sagen: »Vater, vergib ihnen, denn sie wissen nicht, was sie tun.« Wenn wir durch ihn dazu gebracht werden, zu den Führungen unseres Lebens immer mehr ja zu sagen, spüren wir die gute Wirkung an Leib, Seele und Geist.

Was ist die beste Einübung solcher Haltung? Wenn wir Loblieder singen auf unserer Lebenswanderung. Das ist das beste Medikament für unser Dasein. »Seid dankbar in allen Dingen, denn das ist der Wille Gottes in Jesus Christus an euch.«

Sprüche 3,11.12

Mein Sohn, verwirf die Zucht des Herrn nicht und sei nicht ungeduldig, wenn er dich zurechtweist; denn wen der Herr liebt, den weist er zurecht, und hat doch Wohlgefallen an ihm wie ein Vater am Sohn.

Hebräer 12,7

Gott erzieht euch, wenn ihr dulden müßt! Als seinen Kindern begegnet euch Gott.

Wir wissen von mancherlei Krisen, von mancherlei Leid, von mancherlei Schwierigkeiten im Alltag. Wie sieht die Christenheit die vielen Nöte des Lebens? Im großen und ganzen hat sie keinen Durchblick. Sie erkennt keinen Sinn in diesen Leiden. Und weil sie nichts versteht, kann sie auch Gottes Tun nicht begreifen. »Es ist alles sinnlos«, meint man. Aber die Gemeinde Jesu, die sich vom Heiligen Geist leiten läßt, bekommt Einsicht und Klarheit von Gott. Sie wird durch seinen Geist erleuchtet und erkennt, was Gott mit diesen Nöten und Schwierigkeiten, mit diesen großen und kleinen Leiden vorhat.

Was ist Gottes Absicht? Er will uns erziehen. Diese göttliche Erziehung müssen wir erst einmal ernst nehmen. Sie ist aber eine ganz andere Pädagogik als die menschliche. Sie hat ein eindeutig klares Ziel: Gott will uns, seinen Kindern, dazu helfen, daß wir Menschen Gottes werden, die recht leben, an denen er Freude hat. Das ist das beste Erziehungsziel, das es geben kann. Wenn wir das klar sehen, haben wir darauf zu achten, daß es Gott mit uns erreicht. Da geht es durch manches Schwere hindurch, das wir erdulden müssen. Das ist einfach notwendig, damit wir nach Gottes Willen gebildet werden. Die Duldung des Schweren bedeutet nicht Fatalismus. Sie ist etwas Schöpferisches, und Gutes kommt dabei heraus. Wir wachsen und reifen innerlich. In Krisen führt uns Gott hinein, damit es immer schöner und lichtvoller in uns wird.

Ein Beispiel: Ein junger Mann, ein guter Mathematiker, der im Beruf glänzend dasteht, findet zu Jesus und entscheidet sich, Theologie zu studieren. Dieser Mann versagt im Sprachexamen, in Latein. In dieser Not könnten wir sagen: Dieser junge Mann hat einen falschen Weg beschritten. Wäre er nur geblieben, was er war, da war er anerkannt. Wir sehen nicht, daß Gott diese Krise auferlegt hat. Denn wie soll der junge Mensch ein rechter Pfarrer werden, der predigen und anderen helfen kann, wenn er nicht Niederlagen durchgemacht hat? Die Bibel spricht von Züchtigung. Wer im Hebräerbrief liest, weiß das. Wenn man ein Examen nicht besteht oder wenn man auf eine andere Weise versagt, kann das eine solch hilfreiche Züchtigung sein. Im erwähnten Fall war sie nicht nur eine Hilfe für den zukünftigen Pfarrerberuf. Es geschah Größeres: Hochmut wurde überwunden. Gott will uns zur Demut führen. Wenn wir das sehen, müssen wir die Züchtigung bejahen.

Die evangelische Christenheit ist weithin der Meinung, das christliche Leben müsse Erfolg bringen. Die Denkweise des 19. Jahrhunderts ist schuld an diesem Irrtum. Wir müssen vielmehr durch eine strenge Erziehung Gottes hindurchgehen. Wir erleben Krisen! Wer bereit ist, im Namen Jesu schwierige Lebensumstände zu tragen, wie Jesus meine und unser aller Lasten trägt, der ist gesegnet. Zuerst erscheint es schwer, aber nur eine gewisse Zeit. Wir können durch die Auferstehungskraft Jesu das Schwere auf uns nehmen. Dann sorgt er auch dafür, daß die Verhältnisse sich ändern und Wandlungen geschehen.

In diesem Zusammenhang könnte ich persönlich die Frage stellen, warum mein Vater wirtschaftlich nicht hochkam, warum er als Verleger eine große Schuldenlast zu tragen hatte,

warum er trotz bester Bemühung und größter Anstrengung Mißerfolge hatte. Die Frommen zur Zeit meines Vaters sagten, er sei eben kein guter Christ, sonst würde es ihm besser gehen. Das war die Einstellung. Warum hat Gott aber meinen Vater so schwierige Wege gehen lassen? Nicht allein für ihn, für die ganze Familie war diese Führung von Bedeutung. Daß wir Kinder nicht »glücklich« im damaligen Stil lebten, daß wir arm waren, obwohl wir zum Bürgertum gehörten, so arm, daß wir manchmal nicht wußten, wie wir uns satt essen sollten, das war göttliche Fügung, das war gut.
Frühzeitig mußte ich lernen, zu Gottes Willen, zu den wirtschaftlichen Nöten, die meine beruflichen Wünsche und Pläne zunichte machten, ja zu sagen. Ich war ein Zurückgesetzter. Doch hat mir Gott ein großes Geschenk gegeben: Ich konnte die Führung schon in jungen Jahren bejahen. So wurde Gottes schöpferisches Wirken in mir lebendig. Er kann mich umgestalten nach seinem Bilde. Aber dazu gehört, daß man durch Leid und Kreuz hindurch muß. Möchtet ihr's doch alle lernen: Gerade das Schwere ist das Heilsame. Gott erzieht euch, wenn ihr dulden müßt. Freut euch darüber.

Johannes 6,39a.40b

Das ist aber der Wille des, der mich gesandt hat, daß, wer den Sohn sieht und glaubt an ihn, habe das ewige Leben.

Hebräer 12,2

Laßt uns aufsehen auf Jesus, den Anfänger und Vollender des Glaubens.

Es kommt viel darauf an, wohin wir blicken. Wenn wir auf das Sichtbare, auf das Irdische schauen, sind wir von diesem Sichtbaren und Irdischen abhängig. Was wir sehen, wirkt auf uns. Menschen, die nur das Äußere sehen, werden in ihrer ganzen Art äußerlich. Menschen, die auf das blicken, was gerade vor ihnen liegt, erkennen nur den Augenblick und sind im ganzen Leben so geartet.
Das wird in der Geschichte des Volkes Israel sehr deutlich. Ich will nur ein Beispiel nennen: Die Boten, die das Land Kanaan und seine Verhältnisse erkunden sollten, sahen die befestigte Stadt Jericho und die starken Bewohner des Landes und waren der Meinung: »Wir werden Kanaan nie erobern können.« Der Eindruck, dem sich die Boten hingaben, hat dazu geführt, daß das Volk Israel vierzig Jahre durch die Wüste wanderte. Eine falsche Blickrichtung beeinflußt den Menschen so mächtig, daß er törichte Entscheidungen trifft und ins Elend kommt. Wie wichtig ist der richtige Blick.
Wir wollen in die heutige Welt schauen. Ist nicht bei uns auch große Not durch unsere Art, die Dinge zu sehen? Wir beschäftigen uns viel mit unseren Krankheiten. Wir blicken auf unseren Magen, unsere Galle, unsere Nerven. Wir wissen von dem Verlauf der Erkrankungen, die unsere Organe be-

fallen können. Die Angst erfaßt uns. Was soll aus uns werden? Wir versuchen alles zur Heilung. Wenn nicht sofort Besserung eintritt, sind wir entsetzt, sind wir zerschlagen, sind wir abhängig vom Sichtbaren. Das traurige Hinstarren auf die Krankheit trägt dazu bei, daß wir in dem Übel verharren.

Wir können die Bibel von uns fernhalten, sie als eine nette Geschichtensammlung ansehen, sie nicht an uns herankommen lassen. Wir können sie aber auch gegenwärtig nehmen. Dann geht sie uns persönlich und in jeder Situation etwas an. Laßt uns den neuen Blick annehmen, mit dem wir Christen sehen dürfen.

Ist der neue Blick das Schauen auf die eigene Schuld? Wir wissen, daß Sündenerkenntnis wichtig und notwendig ist. Aber wäre es sinnvoll, wenn diese Erkenntnis zu einem einseitigen Blick auf die Schuld würde? Was bedeutete das? Wenn ich nur auf mein Versagen, auf mein Noch-nicht-Können, auf mein Elend sehen würde, bliebe ich in der Wüste, bliebe ich der elende Mensch. Der einseitige Blick auf die Schuld ist weithin die Art der christlichen Gemeinde geworden. Damit kommen wir aber nicht weiter. Wir sollen wegsehen von all dem Elend, von Krankheit, Schuld, Unvermögen. Wir brauchen nur auf Jesus zu blicken. Wenn wir das Tag für Tag tun, werden wir erstaunliche Erfahrungen machen.

Wie der Blick auf das Irdische Wirkungen hat, hat es auch das Schauen auf Jesus. Es bringt Erlösung und Freiheit.

Nun wollen wir uns aber vor einem Absinken in seelische Bewegtheit, in unkontrollierbare Gefühle, hüten. Es gilt zu erkennen: Er ist da! Das sollten alle, die im Glauben stehen oder die sich hineintasten, wissen. Er ist als der Auferstandene *die* Wirklichkeit. Wir werden bei ihm nicht enttäuscht. Er lebt! Das heißt: Du darfst ihn anreden. Der Auferstandene ist bei uns.

Wir haben es nicht mit einem Phantasiegebilde zu tun, sondern mit dem, der vom Vater kommt und seine Gegenwart darstellt. Wir dürfen Jesus Christus real nehmen, so leibhaftig, wie es nur geht. Wenn uns das geschenkt wird, können wir erleben, daß er der Anfänger und Vollender des Glaubens wird.

Was bedeutet das? Jesus gibt uns, was wir brauchen: einen realistischen Glauben, der eine große Kraft entwickelt. Die schuldbeladene, mühsame Vergangenheit ist ausgestrichen. Immer wieder wird Schuld durch Vergebung getilgt. Wer Jesus erkennt als den Gekreuzigten und Auferstandenen, der weiß, wie er sich uns hingibt. Wir dürfen teilhaben an allem, was er selbst hat. Da kann es nicht mehr heißen: Ich bin lieblos, ich bin unbarmherzig, ich bin müde. Da kann nur gesagt werden: Ja, das alles bin ich, aber er gibt mir seine Liebe, seine Barmherzigkeit, seine Kraft. Brüder und Schwestern, seid aufgeschlossen. Christus will seine Gemeinde sammeln. Er will eine Gemeinde haben, die zu ihm blickt im Glauben, damit sie im Glauben vollendet wird.

Ein Zeugnis von Gottes guter Führung

Ob Gott alles recht macht? Immer wieder brechen Zweifel in uns auf. In den merkwürdigen, oft unverständlichen Führungen des Lebens werden wir unsicher und bedenklich. Ist diese Haltung aber nach Gottes Willen?

Gott beantwortet diese Not durch den Mund einer großen Schar von Glaubenden. Sie dürfen – durch den Heiligen Geist dazu fähig gemacht – bekennen, wie Gottes Handeln mit den Menschen nicht nur gerecht, sondern auch sehr gut ist. Er führt in seiner Liebe so wunderbar, daß wir nur staunen können.

Dazu ein Beispiel aus meinem Leben:

Etwa zwölf Jahre alt war ich, als mir mein Vater erklärte, daß ich nicht Theologie studieren könnte. Ich sollte einmal seine Verlagsbuchhandlung übernehmen. Er wollte mir die beste Ausbildung geben, für ein Studium reiche aber das Geld nicht.

Das war für mich ein schwerer Schlag und eine große Enttäuschung. Ich sah mein zukünftiges Leben in Dunkelheit. Hatte ich nicht oft zum Ausdruck gebracht, daß ich einmal Pfarrer werden wollte? Nun diese Entscheidung!

War dieser mir vorgezeigte Weg nur dem Entschluß meines Vaters zuzuschreiben? Bald lernte ich, daß dahinter die Leitung des himmlischen Vaters stand. Heute erkenne ich, daß Gott in seiner Weisheit alles sehr gut gemacht hat. Ich kann nur sein Handeln mit mir rühmen und ihn ehren.

Durch die Entscheidung meines Vaters kam ich zum Buchhandel. Das bedeutete eine rechte Vorbereitung für den Dienst eines Seelsorgers. Ich las viele Bücher, die das Wesen des Menschen darstellten und hineinleuchteten in die oft komplizierten und undurchsichtigen Zusammenhänge im Dasein. Ich konnte Einblick gewinnen in das Rätselhafte des Menschen, in die Vielschichtigkeit und Vielfältigkeit seiner Nöte, seiner dunklen Erlebnisse und tragischen Erfahrungen. Die verschiedensten Dichter haben mir geholfen: Gottfried Keller,

Jeremias Gotthelf, Leo Tolstoi, Dostojewski – um nur einige zu nennen.
Durch die Literatur angeregt, fing ich an, mich mit Philosophie, mit Psychologie und besonders auch mit Theologie zu beschäftigen. Immer wieder neue Erkenntnisse konnte ich aufnehmen und zunächst einmal für mich verwerten.
Am Ladentisch beim Bücherverkauf kam ich in jungen Jahren mit vielen Menschen in Berührung, lernte ihre Eigenarten kennen, konnte viele Beobachtungen machen, fand Kontakt mit andersartigen, nichtchristlichen Käufern. Was war das für eine wunderbare Schulung für die spätere seelsorgerliche Tätigkeit von Mensch zu Mensch. Die Gespräche beim Verkauf stießen auf Grund der Bücher, die ich empfahl, auf wesentliche Fragen des Lebens. Von wieviel Not und Leid hörte ich durch die Käufer, die ich bediente!
Vielen führenden Menschen in der Christenheit durfte ich bei christlichen Konferenzen und Tagungen begegnen. Die Aufstellung von Büchertischen gab reichlich Gelegenheit dazu und eröffnete ein Verständnis für die Ökumene.
Das alles schien zunächst gar nicht von ausschlaggebender Bedeutung zu sein. Nun aber erkenne ich, daß Gottes wunderbare Führung zielstrebig war. Er hat dafür gesorgt, daß ich doch in den Verkündigungsdienst kommen und Pfarrer werden durfte. Einen seltsamen, arbeitsreichen Weg mußte ich unter großen Opfern gehen, aber einen Weg, der von Gottes großer Liebe getragen war.
Und nun konnte ich Schritt für Schritt immer deutlicher sehen, wie auch die Jahre im Buchhandel nicht verloren und vergebens waren. Diese Lebensschule war notwendig, damit ich das werden konnte, was Gott wollte. Alle Erfahrungen, die ich mitten im täglichen Leben gesammelt hatte, wurden fruchtbar gemacht für meinen kommenden Dienst als Pfarrer und Seelsorger. Es ist alles »herrlich« geworden. Gilt das nicht auch für dein Leben? Denke darüber in der Stille nach.

Jede Anfechtung ist gut und nützlich

Zum Glaubensleben gehört die Anfechtung. Gott will sie. Im Jakobusbrief steht sogar das für uns seltsame Wort: Meine lieben Brüder, achtet es für lauter Freude, wenn ihr in Anfechtung fallt. Gewiß paßt dieses Wort uns Menschen nicht. Ein Glaubensleben stellen wir uns mit viel Glück angefüllt vor. Wir möchten Genuß von unserem Glauben haben. Ist das im Sinne Jesu?

Nach dem Wort der Bibel ist die Anfechtung für uns Christen dringend notwendig. Ohne Anfechtung gibt es keine gesunde Weiterentwicklung. Sie hilft uns, den Willen Gottes zu erkennen und richtig zu leben. Im Blick auf Jesus Christus, der selbst um unseretwillen durch schwerste Anfechtung gegangen ist, ich erinnere nur an die Geschichte seiner Versuchung, können wir Angefochtenen lernen.

Eine Frau leidet unter ihrer Hauswirtin. Sie wird schlecht von ihr behandelt, nicht gegrüßt. Forderungen werden an sie gestellt, die sie kaum erfüllen kann. Sie ist aufs tiefste verletzt, Gefühl und Verstand leiden. Es geschieht noch Schlimmeres: Der ganze inwendige Mensch, das verborgene geistliche Leben werden bei dieser Frau erschüttert. Der Glaube fängt an zu wanken. »Wie kann Gott mich so verlassen?« In der Kirche vermag sie das Wort Gottes nicht mehr zu hören. Sie betet nicht mehr. Statt dessen sieht sie ihre Hauswirtin wie einen Dämon vor sich. Sie ist wie in einer Hölle. Soll sich der Haß durchsetzen? Was soll werden?

Jede Anfechtung wird von Gott behutsam und zart durch seinen Geist geleitet. So ereignet sich bei dieser Frau etwas Eigenartiges. Das in Verzweiflung stehende Menschenkind wird getrieben, zum Gottesdienst zu gehen. Sie will nicht, doch Gott ist stärker. Sie gehorcht ihm. Da bekommt sie während des Gemeindegesanges eine Stärkung. Es fällt Licht von Gott her in ihr Leben. Plötzlich geht es ihr auf: »Christus ist bei mir.« In ihrer elenden Lage bekommt sie ein wenig Freude

geschenkt. Sie geht nach Hause und hat zum ersten Mal seit langer Zeit eine ruhige Nacht.
Bei einer Aussprache berichtet sie mir offen und ehrlich von ihren Erfahrungen düsterer und guter Art. In diesem Austausch wird ihr und mir als Seelsorger klar, daß der auferstandene Herr, der für uns in den Tod gegangen ist, gerade in dieser schwierigen Situation ganz nahe ist. Der Herr liebt sie besonders als Angefochtene. Er ist für sie da. Er kommt in ihre Finsternis. Wir beten. Sie ist getröstet. Nach wenigen Tagen weicht die Anfechtung.
Großes hat sie nun erfahren. Sie kann loben und danken. Sie ist näher zu Jesus gekommen. »Die Sonne, die mir lachet, ist mein Herr Jesus Christ«, das kann sie nun bekennen.
Es verändert sich ihr ganzes Leben. Sie kann nun im Sinne Jesu handeln. Sie ist fähig, ihre bösartige Hauswirtin zu ertragen, ja sie überwindet sie durch Liebe.
Sollten wir nicht in aller Anfechtung Luthers Wort ernst nehmen: »Es ist mir blutsauer geworden, habe manche schwere Anfechtung ausgestanden. Das ist mir aber sehr gut und nützlich gewesen.«

Ihm ist alle Gewalt gegeben

Es gibt Menschen, die aus eigener Kraft ungeheuer viel leisten können. Sie schaffen bis in die Nacht hinein. Am Tage sind sie ohne Mittagsschlaf ganz frisch, und ein Kranksein kennen sie nicht.

Uns begegnen da und dort Greise, die noch schöpferisch tätig sind und dabei nichts merken von den Belastungen der Jahre. Sie wirken wie junge Menschen. Wenn wir nur ein wenig von dieser strotzenden Gesundheit hätten.

Wie viele Menschen dagegen kränkeln frühzeitig und kommen den täglichen Anforderungen kaum nach. Männer und Frauen im besten Alter müssen sich abquälen, um überhaupt existieren zu können. Sie leben aus letzten Reserven. Und wie drückend ist für die meisten das Alter.

Auch in der christlichen Gemeinde gibt es viele schwache Menschen. Es ist weithin eine hilflose Schar, die uns begegnet. Muß das so sein? Sind Schwachheit und Müdigkeit unser Schicksal? Sind wir wirklich nur von den natürlichen Kräften unseres Menschseins abhängig?

Wo das Evangelium verkündet wird, ist der Auferstandene gegenwärtig, der um unseretwillen durch den Tod hindurchging. Ihm ist alle Gewalt gegeben. Das hat er selbst bezeugt. Diese unerhörte Macht Jesu erfaßt uns durch den Geist, der von Gott kommt. Er ist viel stärker als jede körperliche Kraft, als alle Naturkräfte zusammen.

Hat nicht Paulus gesagt, daß die Glaubenden erleuchtete Herzensaugen bekommen sollen, um diese Kraft zu erkennen und für sich in Anspruch zu nehmen? Es ist die gleiche Gotteskraft, die wirksam war, als Jesus von den Toten auferweckt wurde. Die Glaubenden sind dann bestimmt, aus dieser Stärke Jesu heraus zu leben, mitten in der Schwachheit ihres Seins.

Wie wenig hat die Gemeinde von heute diese Glaubenstatsache ergriffen. Sie ist sich ihrer Schwachheit bewußt, sie weiß aber nicht, wie gerade an den Elenden die verwandelnde

Stärke Jesu lebendig werden soll. Laßt uns das wieder buchstabieren lernen.

Im Kleinen und verborgenen beginnt es. Ein junger Mann scheitert im Examen und bricht völlig zusammen. Es scheint alles aus zu sein. Er wird dazu geführt, sich unter Gottes Wort zu stellen. Er hört es ganz neu, nicht verstandesmäßig, nicht vergeistigt, sondern als verwandelnde Kraft. Es zündet in ihm. Er vertraut diesem Wort. Eine völlige Heilung tritt ein. Er kann wieder geistig arbeiten, und er findet die Energie, das Examen noch einmal zu machen. Es gelingt. Ein Gescheiterter – und nun voll neuer Lebensimpulse.

Was soll uns also aufgehen? In unserer jeweiligen Situation will die Kraft Gottes sich als mächtig erweisen. Das gilt für jede Altersstufe und für alle Lebenslagen.

Wir werden an Georg Müller aus Bristol erinnert. Dieser Mann, der körperlich nie stark war, konnte in seinem zweiundneunzigsten Lebensjahr sagen: »Ich bin imstande, jeden Tag ein volles Tagewerk an Arbeit zu bewältigen und mit solcher Leichtigkeit wie nur je seit siebzig Jahren.« So konnte er vom siebzigsten Lebensjahr an seine großen Weltreisen unternehmen, um das Evangelium zu verkündigen. Er führte diese Tatsache zurück auf die Liebe zum Worte Gottes und die damit verbundene ständig erneuernde Kraft. Nehmt das mit Freude an.

Frohe Christen durch tägliche Vergebung

Wie viele Menschen machen einen guten Anfang im Christsein. Sie leben im Glauben an Jesus, sie haben Umgang mit ihm durch ihr Gebet. Voller Dankbarkeit und Freude sind sie, so daß sie ihm in seiner Nachfolge dienen können.

Doch in dieses Wachsen und Werden fällt oft ein Reif. Sünden, die als überwunden galten, zeigen sich wieder. Von Gleichgültigkeit gegenüber dem Wort Gottes, von Widerwillen gegen das Beten, von Ungehorsam, Zorn und Lüge werden Christen überfallen. Charakterschwächen brechen erneut auf. Der »alte Mensch« scheint wieder die Macht gewonnen zu haben. Statt des Sieges über die Finsternis gibt es Niederlagen. In dieser Situation ist der Mensch einsam, ratlos, voller Trauer. Viele meinen, daß es jetzt mit dem Glauben aus sei. Sind sie endgültig von Gott getrennt? Will sie Jesus nicht mehr? Es sind gewiß große Nöte und Dunkelheiten, in die diese Christen hineinkommen. Eine längere Zeit von Jesus losgelöst zu sein ist eine Qual.

In der christlichen Gemeinde herrscht leider trotz bester Verkündigung die Auffassung, daß ein solches Leben mit den vielen Niederlagen und ihren Folgen »normal« sei. Wir können eben keine fröhlichen Christen bleiben. Die »erste Liebe« hört einmal auf, den großen Schwung des Anfangs verlieren wir wieder. Wir sind Sünder und bleiben es. Durch solche Rede wird der ganze Ernst der Schuld verharmlost. Kann das die Rettung sein?

Hat nicht Jesus Christus, der unter uns gelebt hat und im Namen des Vaters sprach, gesagt: »Wer zu mir kommt, den will ich nicht hinausstoßen?« Hat nicht Johannes in seinem ersten Brief geschrieben: »Wenn wir unsere Sünden bekennen, so ist er treu und gerecht, daß er uns die Sünden vergibt und reinigt uns von aller Untugend.« Du darfst also mit deinen Sünden immer wieder, jeden Tag, ja jeden Tag mehrmals, wenn es notwendig ist, zu ihm kommen. Ganz kindlich darfst du dich zu ihm hinwenden. Alles kannst du ihm sagen. Er weiß, wie du bist, er sieht dich, er kennt dich, er verwirft dich nicht. Auch wenn du als Glaubender versagt hast, sieht er dich gütig an.

Jesus schenkt dir das Größte und Gewaltigste, was es auf Erden geben kann: Er erläßt dir jede Schuld. Alle Verkehrtheiten und Bösartigkeiten nimmt er weg. Das schuldhafte Leben, das du auch als Christ geführt hast, ist ausgetilgt, durchgestrichen. Nun bist du wieder durch Jesu Wort ein frohes Gotteskind. Erneut bist du mit dem Vater verbunden. Du lebst in ihm. Aus großem Elend bist du herausgekommen. Die Bahn ist frei für das Wirken des Geistes. Darum der Ruf: Komm eilends zu Jesus. Gewiß als Gebeugter, aber doch als Angenommener. Schiebe es ja nicht hinaus. Die Gemeinschaft mit Jesus soll wiederhergestellt werden. Ein von Gott geborener Mensch ist nicht fertig und vollkommen. Du wirst noch von vielen Fehlern übereilt werden, doch dann gehe sofort zu dem Heiland der Welt. Er erläßt nicht nur die Sünden, er führt dich zu neuem Leben. Er bringt dich in Ordnung. Ohne ihn kannst du nichts tun.